Dieses Buch ist gewidmet an

D1665631

_____ _____

_____

_____

_____

_____

_____

_____

_____

Inhaltsverzeichnis

1. Der Start in eine aufregende und abwechslungsreiche Ehe

Als Paar, insbesondere als Ehepaar, er leben wir nicht wenige interessante, aufrüttelnde und vor allem aufregende Dinge im Laufe unseres gemeinsamen Lebens. Allein das Planen der Hochzeit stellt eine große Aufgabe dar und bringt nicht wenig Stress mit sich. Doch was, wenn die Aufregung der Hochzeit und der anschließenden Flitterwochen so langsam nachlässt und der zähe und eher langweilige Alltag in das Leben einzieht? Was machen wir,

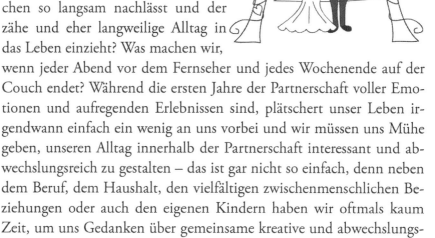

wenn jeder Abend vor dem Fernseher und jedes Wochenende auf der Couch endet? Während die ersten Jahre der Partnerschaft voller Emotionen und aufregenden Erlebnissen sind, plätschert unser Leben irgendwann einfach ein wenig an uns vorbei und wir müssen uns Mühe geben, unseren Alltag innerhalb der Partnerschaft interessant und abwechslungsreich zu gestalten – das ist gar nicht so einfach, denn neben dem Beruf, dem Haushalt, den vielfältigen zwischenmenschlichen Beziehungen oder auch den eigenen Kindern haben wir oftmals kaum Zeit, um uns Gedanken über gemeinsame kreative und abwechslungsreiche Aktivitäten zu machen.

Mit diesem Buch in deinen Händen ist damit aber Schluss! Hier findest du nämlich nicht nur 300 neue und kreative Ideen (die sogenannten Buckets), die dir und deinem Partner oder deiner Partnerin helfen können, den Alltag so richtig umzukrempeln und neue und spannende Dinge zu erleben, du wirst auch viele Tipps und Tricks entdecken, wie du mit deiner liebsten Person gemeinsam eine ganz persönliche Bucket List erstellen kannst, die ihr nach und nach „abarbeitet" und so mit der Zeit noch näher zueinander hinfindet. Lasst den langweiligen Alltag also getrost hinter euch und belebt eure Ehe neu mit den 300 Ideen für eure ganz persönliche Bucket List!

Für wen eignet sich dieses Buch?

Dieses Buch eignet sich für alle Ehepaare, die mehr Schwung in ihre Ehe bringen möchten. Dabei ist es egal, wie lange ihr schon zusammen und verheiratet seid, denn sind wir mal ehrlich: Etwas mehr Kreativität und Abwechslung im Leben können wir alle doch gebrauchen, oder nicht? Ihr sehnt euch danach, mehr miteinander zu unternehmen, neue Erinnerungen zu schaffen, vielleicht möchtet ihr die Verliebtheitsphase eurer Beziehung noch weiter ausdehnen? Vielleicht habt ihr auch gemerkt, wie frustriert ihr zwischendurch seid oder dass ihr euch in letzter Zeit häufiger streitet als früher und möchtet einander wieder

näherkommen – dann seid ihr bei dieser Bucket List für Ehepaare genau richtig. Unabhängig davon, ob ihr dieses Buch geschenkt bekommen oder ob ihr es selbst erstanden habt, ist es ganz spezifisch auf Ehepaare ausgerichtet, wie euch der Titel vielleicht auch schon verraten hat. Das bedeutet, dass dieses Buch nichts für Beziehungsanfänger ist oder für Menschen, die keine Lust haben, sich zu binden.

Stattdessen richtet sich dieser kleine Ratgeber an Ehepaare. Das bedeutet, dass sich alle Paare angesprochen fühlen können. Dabei ist das Alter, die Länge eurer Beziehung und eurer Ehe und auch euer Geschlecht überhaupt nicht ausschlaggebend. Es geht vielmehr darum, dass dieses Buch von zwei Menschen gelesen wird, die einander lieben und vorhaben, ihre gemeinsame Zeit – ihren Alltag – bunter und abwechslungsreicher zu gestalten und noch mehr miteinander zu erleben. Dafür müsst ihr übrigens auch nicht verheiratet sein. Ihr könnt auch in der sogenannten „wilden Ehe" leben. Was schlussendlich zählt, ist, dass eure Beziehung für euch kein Zeitvertreib und kein Warten auf den oder die Richtige*n ist, sondern dass ihr aneinander festhaltet und eine gemeinsame Zukunft plant. Entdeckt einander mit diesem Buch neu und erkennt, wie viel Potenzial in eurer Ehe/Partnerschaft/Beziehung steckt!

Was ist überhaupt eine Bucket List?

„Bucket List – was ein seltsamer Begriff was soll das überhaupt bedeuten?" Vielleicht hast auch du dir diese Frage gestellt, wir hören den Begriff *Bucket List* zwar an jeder Ecke, hierbei handelt es sich schon fast um einen Trend, jedoch gibt es keine direkte Übersetzung in die deutsche Sprache. Nehmen wir die Begriff einmal auseinander, so haben wir das englische Wort für *Eimer (Bucket)* und für *Liste (list)*. Bei der Bucket List handelt es sich also um eine Eimer-Liste? Das macht es jetzt nicht wirklich einfacher. Kennst

du aber vielleicht die deutsche Aussage „den Löffel abgeben"? Gemeint ist damit, dass eine Person verstirbt und somit quasi den Löffel abgibt. In der englischen Sprache gibt es eine ähnliche Aussage: „to kick the bucket" – zu Deutsch: *den Eimer treten*. Während wir Deutschen also den Löffel abgeben, wenn wir sterben, tritt die englischsprachige

Bevölkerung dementsprechend den Eimer, was auch erklärt, wieso es eine sogenannte *Eimer-Liste* gibt. Diese persönliche Liste beschreibt, was ein Mensch erlebt haben will, bevor er den Löffel abgibt oder eben den Eimer tritt. Somit kann auch eine Bucket List für Ehepaare/Paare eure ganz persönlichen Wünsche und Ideen, die in diesem Buch einfach „Buckets" genannt werden, beinhalten. Sie stellt somit eine Liste von Dingen oder Erlebnissen dar, die du mit deinem Partner im Laufe deines Lebens erlebt haben möchtest.

2. Was bringt euch die Bucket List für Ehepaare?

Du warst ganz sicher schon einmal einkaufen. Mit einer Einkaufsliste zur Hand ist selbst ein Großeinkauf problemlos erledigt. Aber was, wenn diese Liste zu Hause vergessen wurde oder unterwegs verloren ging? Fast immer fällt dir dann nach der Rückkehr ein, welches wichtige Teil an der Kasse nicht durch den Scanner gelaufen ist – vergessen!

Ausgesuchte Lebensziele und die Buckets für die Ehe sind ungemein wichtiger, als es ein profaner Einkauf ist. Trotzdem droht die große Gefahr, dass selbst bedeutende gemeinsame Ziele in einer Ehe im Laufe der Zeit verloren gehen beziehungsweise vergessen werden.

So lange die Schmetterlinge im Bauch für Unruhe sorgen und jede Trennung zur Qual wird, selbst wenn es nur für Stunden ist, so lange ist die Liebe frisch, aufregend, erotisierend und dein Lebensmittelpunkt. Leider lässt sich dieser Zustand nicht auf Dauer konservieren.

Es sind Einflüsse von außen, die dem Liebestaumel ein Ende bereiten. Verpflichtungen am Arbeitsplatz, das Vorantreiben der Karriere, Freunde fordern ihr Recht, genau wie die Familie. Kommen Kinder hinzu, verändern diesen den Fokus in der Regel vollständig. Mit der Zeit vertieft sich die Liebe und andere Dinge werden wichtig: Vertrauen, Verlässlichkeit und Geborgenheit stehen im Mittelpunkt.

Es wird insgesamt etwas ruhiger. Und genau hier liegt die Gefahr. Mit der Beruhigung geht die Bequemlichkeit einher. Was zuvor ein erotisierendes Flammenmeer war, wird immer mehr zum romantischen Kerzenschein. Die Flamme brennt nicht mehr ganz so heiß, dafür beständig. Zudem stellt sich eine Routine ein. Nur wenige Highlights unterbrechen den Alltag, der leise vor sich hinplätschert. Routine stellt sich ein und dies erzeugt Langeweile.

Eine gewisse Lethargie entsteht, die Gefühle, das Verhältnis zueinander und selbst die zuvor so anregenden Gespräche reduzieren sich inhaltlich immer mehr auf die Notwendigkeiten. Eine solche Ehe siecht langsam vor sich hin. Am Ende taucht das einst glückliche Ehepaar nur noch als Fußnote in der *Scheidungsstatistik* auf, der zu Folge rund ein Drittel aller Ehen auf dem Familiengericht beendet werden. Oder anders ausgedrückt: Eure Chancen stehen grob gerechnet 2:1, dass eure Ehe zur unendlichen Geschichte wird.

Wobei die Scheidungsstatistik ausschließlich nackte Zahlen präsentiert, nicht aber die Realität. Von den bestehenden Ehen werden knapp 20 Prozent weitergeführt, obwohl sie eigentlich vor den Scheidungsrichter gehören. Aber diese Paare haben sich zumeist aus finanziellen Gründen oder wegen der Kinder arrangiert und lassen die Ehe fortbestehen – allerdings nur auf dem Papier. Demnach liegen die Chancen auf eine harmonische Ehe deutlich niedriger. Ziel dieser Bucket List für Ehepaare ist es, die Chancen eurer Ehe deutlich zu verbessern.

Eure Entscheidung: Ehe als Top oder Flop

Seid ihr an diesem Punkt eurer Ehe angekommen, wo der Alltagstrot euch fest im Griff hat, bleiben drei Wege offen.

- Ihr könnt so weitermachen und euch in die unendlich lange Reihe der langweiligsten Ehe der Welt eingliedern.
- Einer von euch – oder beide – versuch(t)en, dem Dilemma zu entrinnen, was mit Entfremdung, Fremdgehen, Eifersucht und Streit einhergeht.
- Ihr habt aber auch die Möglichkeit, eurer Ehe neues Leben einzuhauchen. Und genau dabei hilft euch diese Bucket List für Ehepaare.

Clevere Paare nutzen diese Liste bereits vor der Hochzeit oder spätestens gleich im Anschluss an die Flitterwochen. So umgeht ihr die lethargische Phase und ihr erlebt eine Ehe, prallvoll mit Abenteuern, Humor, Vertrauen, Verständnis und entwickelt euch gemeinsam weiter.

Beantworten wir uns jetzt also gemeinsam konkret die Frage, wieso wir uns überhaupt eine Bucket List erstellen sollten. Genügt es nicht, sich ab und an neue Dinge zu überlegen und diese dann direkt anzugehen? Wieso müssen wir unsere Wünsche ausformulieren? Werden sie nicht trotzdem wahr, auch wenn wir sie nicht unbedingt aufschreiben? Eine Bucket List zu erstellen, bietet mehrere Vorteile für euch und eure Beziehung zueinander:

Den Ehepartner und sich besser kennenlernen

Ihr werdet in der Bucket List für Ehepaare Aufgaben und Vorhaben aus den verschiedensten Bereichen finden. Bei der Auswahl, im Gespräch über diese Punkte werdet ihr ganz neue, euch bislang unbekannte Seiten an euren besseren Hälften registrieren. Grund dafür ist, dass Paare in der Regel in einem gewohnten Umfeld mit immer denselben Abläufen leben.

Dass dein Schatz zuvor vielleicht schon einmal einen Fallschirmabsprung erlebt oder an einem wilden *Wikinger-Essen* in Norwegen teilgenommen hat, ist nie zuvor zur Sprache gekommen.

Zudem wird jeder von euch seine bevorzugten Buckets auswählen. So lässt sich von der anderen Ehehälfte besser erkennen, was genehm ist und was eben nicht. Gegenseitig werdet ihr den Geschmack eures Partners viel besser kennenlernen, was beim Erstellen eurer Bucket List ebenso hilfreich ist, wie beim Kauf des nächsten Weihnachtsgeschenks oder der kleinen Überraschung zum Valentinstag.

Diese Expedition in die Tiefen der Persönlichkeit des Ehepartners werden intensiviert, sobald ihr die erste selbstgestellte Aufgabe in Angriff nehmt. Fast immer werdet ihr neue, teils überraschende Fähigkeiten an eurem Gegenüber feststellen, die man nie vermutet hatte. Ihr werdet feststellen, dass die gegenseitige Achtung, der Respekt voreinander steigt. Paare, die sich durch ihre gemeinsamen Erlebnisse viel zu erzählen haben, die oft zusammen etwas unternehmen und die sich gegenseitig respektieren, geraten kaum in die Gefahr einer Trennung oder gar Scheidung.

Du vergisst deine Wünsche nicht:

Vielleicht denkst du dir in erster Instanz: „Ich könnte niemals meinen eigenen Wunsch vergessen!" Aber denke einmal an die Zeit in der Grundschule oder deine Jugendzeit zurück – wie oft hattest du diesen oder jenen Wunsch, das gepiercte Ohrläppchen oder der gemeinsame Urlaub mit der besten Freundin zum Beispiel, und wie schnell wurden diese Wünsche durch neue Ideen ersetzt? Studien haben inzwischen belegt, dass wir unsere gesetzten Ziele besser erreichen können, wenn wir diese aufschreiben. Das hilft uns nicht nur, uns aufs Wesentliche zu konzentrieren, wir haben diese Ziele auch immer wieder vor den Augen, wenn wir das Blatt Papier mit unseren Wünschen zum Beispiel an den Badezimmerspiegel oder an die Haustüre hängen. Das tatsächliche Notieren von Wünschen und Zielen hilft uns also, diese auch wirklich anzugehen. Da es sich bei euch nicht um nur eine Person handelt, die Wünsche und Ziele hat, sondern gleich zwei Personen ihre Ideen, Ziele und Wünsche äußern, kann sich das Merken und tatsächliche Ausführen dieser Punkte noch schwieriger gestalten. Schnappt euch also für das anschließende Kapitel schon einmal einen Zettel (oder gleich einen ganzen Block) und einen Stift und notiert, was ihr in den kommenden Jahren oder Jahrzehnten gemeinsam erleben möchtet. Seht das Aufschreiben dabei als ersten Schritt für die Verwirklichung eurer Träume an, denn sobald die Tinte auf dem Papier getrocknet ist, seid ihr eurem Ziel ein kleines Stückchen nähergekommen!

Das Formulieren von Wünschen bereitet Vorfreude:

Vorfreude ist bekanntlich die größte Freude und das mit gutem Grund. Denke einmal an die Geburtstage deiner Kindheit zurück und beurteile ehrlich, was dir mehr gute Laune bereitet hat: Der Tag des eigentlichen Geburtstags oder doch die zwei Wochen davor, in denen du dir ausgemalt hast, wie toll jener Tag wird und welche schönen Geschenke du bekommen wirst? Natürlich wird diese Vorfreude die eigentliche Freude, die beim Ausführen der einzelnen Buckets auftreten wird, niemals übertrumpfen können, jedoch treibt uns diese Vorfreude noch schneller in Richtung unseres Ziels und gestaltet den Weg dahin noch fröhlicher und optimistischer!

Die kleinen Dinge machen glücklich:

Dieser Ratgeber will dir und deinem Partner oder deiner Partnerin beweisen, wie glücklich ein Leben im Hier und Jetzt machen kann. Zwar ist die Vorfreude ein fester Bestandteil unseres Lebens und sollte auch niemals außer Acht gelassen werden, jedoch werden einige Menschen fast ausschließlich aufgrund der Vorfreude glücklich. Das bedeutet, dass wir uns immer wieder neue und große Ziele stecken müssen, um überhaupt glücklich sein zu können. Das kann der Kauf eines neuen, großen Fernsehers sein oder die Planung des alljährlichen Urlaubs. Sobald der Fernseher jedoch drei Tage genutzt wurde oder sobald wir wieder aus unserem Urlaub zurückgekehrt sind, fühlen wir uns auf einmal wieder leer und benötigen ein neues Ziel, auf das wir uns freuen können. Genau diese Lebensweise möchte das Buch in deinen Händen nicht unterstützen. Vielmehr sollst du und soll dein Partner oder deine Partnerin erkennen, dass es auch die kleinen Dinge im Leben sind, die es so abwechslungsreich und hochwertig gestalten können. Eure gemeinsame Bucket List sollte also nicht nur aus Punkten bestehen, für die ihr lange sparen oder planen müsst, um diese endlich ausführen zu können, auch wenn einige solche Punkte definitiv wichtig und erwünscht sind. Vielmehr sollt ihr aber auch erkennen, dass selbst ein entspannter Spaziergang zu zweit oder das gemeinsame Aushelfen in

einer Suppenküche – also alltägliche und zunächst langweilig-wirkende Dinge – euch nachhaltig glücklich machen und euch zu einer liebevollen, abwechslungsreichen und hochwertigen Ehe verhelfen können.

3. Wie ist dieses Buch zu verstehen?

Alle Ziele in diesem Buch sind als Inspiration gedacht. Das soll heißen, ihr könnt ein Ziel wortwörtlich übernehmen, es für euch individuell anpassen oder es weglassen. Zudem sind die Buckets in Kategorien aufgeteilt, so dass ihr eure Ziele als Paar leichter findet. Es sind in der Tat einige Buckets darunter, die sollte jedes Ehepaar in die persönliche Bucket List übernehmen – sollte – nicht muss!

So sind beispielsweise einige der sportlichen Buckets nicht so sehr für Paare deutlich jenseits des Rentenalters geeignet, obwohl es hier Ausnahmen geben dürfte. Andere Ideen für Paare entsprechen vielleicht in keiner Weise eurem Lebensstil oder Geschmack. Trotzdem sind einige Punkte das Wagnis oder den Versuch wert, denn gerade die scheinbar unmöglichen Buckets erweitern deinen Horizont. Und es sind Buckets vorhanden, die einen etwas größeren finanziellen Spielraum erfordern. Es gibt Paare, die für ein solches Ziel über Jahre sparen, um es realisieren zu können.

Grundsätzlich gilt aber: All diese Ideen für Ehepaare sind realisierbar. Sie geben euch die Gelegenheit, gemeinsam etwas zu unternehmen, Erlebnisse und Erfahrungen zu teilen, euer Wissen zu erweitern und euch parallel zueinander weiter zu entwickeln.

Es kann auch durchaus sein, dass dir einige Buckets bekannt vorkommen. Vielleicht sind hier sogar Ziele aufgeführt, die du längst abgehakt

hast. Bloß würden wir die typischen Buckets weglassen, dann würde man diese ganz sicher in einem 300 starken Erlebnisbuch für Ehepaare vermissen, allein der Vollständigkeit halber. Zudem gibt es für alles immer das erste Mal und genau für diese Leute, „die Bucket-Anfänger", wird dies dann eine wahre Ideen-Goldgrube sein.

Ersetzt die Bucket List eine Eheberatung?

Klares Jein! Es kommt schlicht darauf an, warum es kriselt. In der Tat wird die Bucket List gerne in einer Paartherapie eingesetzt. Zumeist dann, wenn der Alltagstrott und mangelnde Motivation die Gründe für Streit, unterbrochene Kommunikation oder Respektlosigkeit in der Ehe sind. Eigentlich soll diese Liste mit inspirierenden Ideen aber genau diese Situation bereits im Vorfeld verhindern. Schließlich ist Vorbeugung deutlich einfacher als Heilung.

Könnt ihr als Ehepaar zahllose Erfahrungen, Erlebnisse und Situationen miteinander teilen, ist eure Ehe spannend, aufregend und abwechslungsreich, kommt es in der Regel nie dazu, dass ihr die Hilfe eines Eheberaters in Anspruch nehmen müsst.

Zudem ist bei den meisten Buckets eine gehörige Portion Humor mit im Spiel. Genau dieser ist eine der wichtigsten Zutaten für eine *Ehe, bis dass der Tod euch scheidet.* Diese gemeinsamen Erlebnisse fördern den humorvollen Umgang miteinander, so dass von den Eheleuten kritische Begebenheiten weniger verbissen gesehen werden. Die Kompromissbereitschaft ist höher, Rechthaberei ist seltener, denn beide schätzen den Wert der gemeinsamen Ehe als sehr hoch ein. Deshalb wird auch viel früher und viel weiter auf den Partner zugegangen.

Tritt eine Krisensituation in einer Ehe auf, sind Paare mit einer breit gefächerten, stabilen gemeinsamen Basis eher bereit, die Probleme konstruktiv anzugehen. Beruht eine Ehe lediglich auf Schmetterlingen im Bauch und auf sexueller Erfüllung, wird der Gang zum Scheidungsanwalt in der Regel viel schneller eingeschlagen.

4. Das Erstellen der ganz persönlichen Ehe-Bucket List

Hast du eine bestimmte Sache in deinem Kopf, die du schon immer einmal mit deiner besseren Hälfte unternehmen wolltest? Der Road Trip durch Amerika, ein gemeinsamer Kochkurs oder die Adoption einer Katze oder des ersten gemeinsamen Hundes? Wie du bereits weißt, handelt es sich bei der Bucket List für Ehepaare um eine Ansammlung von Ideen und Wünschen, die du gemeinsam mit deinem Partner oder deiner Partnerin im

Laufe eures Lebens erleben möchtest. Damit es aber überhaupt so weit kommt und ihr viele verschiedene Punkte vor euch liegen habt, die es abzuarbeiten gilt, muss die gemeinsame Bucket List für Ehepaare erst einmal erstellt werden. Das klingt oftmals einfacher, als es dann tatsächlich vielleicht ist.

Das Verlassen der eigenen Komfortzone

Wir alle lieben unsere Komfortzone. Hier ist es gemütlich, hier fühlen wir uns wohl und hier müssen wir uns nicht anstrengen, anderen Menschen zu gefallen. So schön eine solche Komfortzone auch ist – hier kann nicht viel wachsen. Wenn wir uns nicht aus unserer Schale heraustrauen und zu viel Angst haben, um neue Dinge auszuprobieren oder vielleicht überhaupt über unsere Wünsche und Ziele im Leben zu sprechen, so werden wir uns nicht weiterentwickeln und bleiben einfach stehen. Damit du mit deinem Partner oder deiner Partnerin eine gemeinsame Bucket List für Ehepaare erstellen kannst, müsst ihr beide eure eigene Komfortzone verlassen. Das ist gar nicht so einfach, denn an diesem Ort halten wir uns in der Regel besonders gerne auf und teilen ihn auch nicht gerne. Macht euch aber immer bewusst, dass ihr nicht umsonst verheiratet seid. Ihr lebt ein gemeinsames Leben als zwei Individuen, weswegen ihr euch nicht davor zu scheuen braucht, eure Wünsche und Ziele, selbst wenn ihr diese für lächerlich oder zu unwichtig haltet, zu teilen.

Schritt für Schritt zur gemeinsamen Bucket List

Endlich geht es ans Eingemachte und ihr erstellt endlich eure gemeinsame Bucket List. Dabei ist das Erstellen einer solchen Liste gar nicht so einfach, wie einige zunächst annehmen. Macht es euch also erst einmal gemütlich, genießt eine Tasse Tee oder auch ein Glas Wein und kreiert eine entspannte Atmosphäre, in der ihr euch wohl fühlt. Nun geht ihr Schritt für Schritt die nachfolgenden Punkte durch, die euch dabei helfen sollen, eine Bucket List zu erstellen, die genau auf euch und eure Persönlichkeiten zugeschnitten ist.

1. **Die Bucket List ist keine To-Do-Liste:** Behandelt eure Bucket List nicht wie eine Liste, auf der wir Dinge notieren, die wir dringend tun müssen – denn genauso, wie uns oftmals die Motivation fehlt, das Auto zu waschen, weil wir es müssen, kann uns auch die Motivation fehlen, wenn wir den einen oder anderen Bucket erledigt haben wollen und uns innerlichen Druck bereiten. Bei den Buckets handelt es sich um Ziele und Dinge, die ihr in eurem Leben erreichen möchtet, Dinge, die ihr mit Stolz und Freude erleben und dann abhaken könnt. Dabei müsst ihr die Liste nicht in einer bestimmten Reihenfolge oder zwingend Punkt für Punkt abarbeiten, wie es bei einer To-Do-Liste der Fall wäre. Hier geht es nicht um die Dinge, die wir Tag für Tag erledigen müssen, sondern um Le- bensziele, die gemacht werden wollen, bevor man das Zeitliche segnet. Deren Bedeutsamkeit ist weitaus größer als bei einer To-Do-Liste.

2. **Schreibt nur das auf, was ihr wirklich machen möchtet:** Dein Partner oder deine Partnerin nennt einen Punkt, den du selbst nicht einmal ausprobieren möchtest? Dann schreibt diesen Punkt nicht auf die Liste. Achtet dringend darauf, nur Buckets zu notieren, die ihr beide aus vollem Herzen ausführen möchtet. Auch müsst ihr nicht die klassischen Buckets notieren, nur weil diese auf allen anderen Bucket Lists immer zu sehen sind. Das Bungee-Jumping oder das Nacktbaden könnte auf diese Weise auf eurer Liste landen. Wenn ihr jedoch keine Lust auf eben

diese Aktivitäten habt, dann vergesst sie einfach. Nur weil andere Menschen diese Buckets ausprobieren, bedeutet dies nicht, dass ihr dies auch tun müsst.

3. **Kommt aus eurer Komfortzone heraus:** Die Kanu-Fahrt auf dem Fluss in eurer Gegend erscheint euch zu lapidar oder das Wildwasser-Rafting erfordert zu viel Mut, dass ihr diesen Punkt lieber erst gar nicht aufschreiben möchtet? Notiert alle Punkte, auf die ihr nur ansatzweise Lust habt und deren Ausführung möglich ist, unabhängig davon, ob ihr euch das Ausführen dieser Punkte zum jetzigen Zeitpunkt bereits zutraut. Ihr müsst weder besonders spannende Buckets notieren noch Buckets, die ihr auf jeden Fall morgen ausprobieren möchtet. Auch wenn einer von euch sich vielleicht noch scheut, den einen oder anderen Punkt anzugehen: Je mehr Buckets ihr abarbeitet, desto mehr schwinden auch eure Ängste oder der innere Schweinehund. Wir müssen unsere Komfortzone übrigens nicht nur bei Dingen verlassen, die uns zu schwierig oder zu aufregend erscheinen – auch simple Dinge oder Buckets, die vielleicht zu einem peinlichen Erlebnis führen können, brin- gen uns aus unserem gemütlichen Schneckenhaus heraus. Bei eurer persönlichen Bucket List für Ehepaare gibt es also kein „zu schwierig", „zu aufregend" oder „zu langweilig" – gestaltet die Liste genau nach euren Wünschen und traut euch so nach und nach aus eurer Komfortzone heraus!

4. **Aufschreiben nicht vergessen:** Wenn ihr schlussendlich Punkte gefunden habt, die ihr auf eure Bucket List schreiben möchtet, ist es an der Zeit, dies auch zu tun. Dabei empfiehlt es sich, eine Bucket List in Form der altbekannten Liste zu machen. Der Übersicht halber bietet es sich an, die Buckets zu numme- rieren, so wisst ihr immer, wie viele Ideen ihr schon zusammen-getragen habt. Lasst euch von den Nummern aber nicht in der Reihenfolge der Ausführung einschränken. Ihr müsst nicht bei Punkt 1 anfangen und bei Punkt 100 enden, sondern ihr solltet die Buckets angehen, die euch zum momentanen Zeitpunkt

am besten in den Kram passen, anstatt zwanghaft nach einer Reihenfolge vorzugehen. Darüber hinaus habt ihr natürlich die Wahl zwischen einer digitalen Bucket List, also jener, die ihr im Handy oder auf dem Laptop erstellt, oder einer Bucket List aus Papier. Hier kommt es ganz auf euch selbst an. Sinnvoll ist es immer, sich selbst regelmäßig an die Liste zu erinnern. Deswegen ist es schlau, diese auf einem Papier zu verfassen und anschließend an einem prominenten Punkt in eurem Zuhause aufzuhängen. Wenn ihr jedoch ohnehin regelmäßig in eure Handys oder auf euren Laptop schaut, könnt ihr die Liste selbstverständlich auch digital anfertigen.

Brainstorming

Nicht immer ist es einfach, die Buckets zu benennen, die man unbedingt ausprobieren möchte. So erleben wir doch immer wieder neue Dinge und können uns heute vielleicht schon nicht mehr daran erinnern, was wir uns noch vor drei Wochen gewünscht haben. Zwar findet ihr in diesem Buch 300 kreative und neue Ideen, mit denen ihr eure eigene Bucket List nach und nach füllen könnt, jedoch sollte es zunächst darum gehen, eure ganz persönliche Liste mit ebenso persönlichen Wünschen und Zielen zu füllen. Deswegen ist nun ein kleines Brainstorming angesagt. Die nachfolgenden Fragen sollen euch ein bisschen durch den Dschungel der Wünsche und Ziele leiten und euch zu neuen Ideen inspirieren. Geht die Fragen ganz einfach gemeinsam durch und sagt, was euch als erstes durch den Kopf schießt. Vielleicht lassen sich so bereits einige Punkte zusammentragen.

- Wann fühlt ihr euch so richtig lebendig?
- An welche gemeinsamen Erlebnisse erinnert ihr euch heute noch gerne?

- Was wolltet ihr schon immer einmal ausprobieren?

- Was sind eure Kindheitsträume?

- Wenn das Finanzielle keine Rolle spielen würde, was würdet ihr dann tun?

- Welchen Ort auf dieser Welt wolltet ihr schon immer einmal bereisen?

- Welche Werte vertretet ihr, was ist euch wichtig im Leben?

- Gibt es bestimmte Fähigkeiten, die ihr schon immer einmal erlernen wolltet?

- Was habt ihr euch schon seit Ewigkeiten vorgenommen, aber bisher noch nicht gemacht?

- Was wollt ihr der Nachwelt hinterlassen?

Vielleicht konntet ihr gemeinsam Antworten auf die Fragen finden. Mit großer Wahrscheinlichkeit jedoch habt ihr, als zwei Individuen, natürlich auch ganz individuelle Antworten auf all diese Fragen. Ihr müsst euch nicht unbedingt auf einen oder zwei Punkte einigen, um eine gemeinsame Bucket List zu erstellen. Auch hier geht es um Kompromisse. Wenn ihr euch jedoch überhaupt nicht einig werden könnt, kann eine umgedrehte Bucket List eine gute Idee für euch sein. Eine genauere Anleitung findet ihr im folgenden Kapitel.

Vielen Bucket List-Schreibern kommt es vor, als hätten sie gar keine Wünsche oder neue Ideen für ihre Liste. Das passiert nicht selten, denn oftmals haben wir in unserem Leben bereits eine Menge erlebt und nehmen dies als Selbstverständlichkeit wahr. Denkt einmal zurück an all die Dinge, die Urlaube oder die Unternehmungen, die ihr bereits erleben durftet. Hättet ihr zuvor eine Bucket List geschrieben, so wären diese Punkte mit großer Sicherheit auf dieser Liste gelandet, oder nicht? Sollte euch also auf Anhieb nicht viel einfallen, so müsst ihr euch keine Sorgen machen. Ihr könnt alternativ auch erst einmal notieren, was ihr schon alles erlebt habt oder was einer von euch erlebt habt. Vielleicht lohnt es sich ja, eine Aktivität noch einmal auszuführen, damit nicht nur einer von euch in den Genuss gekommen ist, sondern ihr als Ehepaar eben jene Aktivität gemeinsam erleben dürft und eine neue gemeinsame Erinnerung teilt.

Die umgedrehte Bucket List

Die umgedrehte Bucket List beschreibt Dinge, die ihr niemals ausprobieren möchtet. Nicht jedes Paar teilt alle Vorlieben und Leidenschaften. Deswegen kann es sein, dass einer von euch lieber den Action-Wanderurlaub in der Schweiz haben möchte, während der andere es vorzöge, zwei Wochen lang am Strand Frankreichs zu liegen. Genau so kann es sich auch bei der Wahl der gemeinsamen Buckets gestalten – einer möchte unbedingt diesen Punkt eintragen, während der andere eine solche Aktivität eigentlich niemals ausführen wollen würde. Denkt immer daran, dass nur Buckets auf eurer Liste landen sollten, die ihr beide aus vollem Herzen ausprobieren und ausführen möchtet. Wenn sich einer von euch unwohl mit der Idee des jeweiligen Buckets fühlt oder Zweifel hat, so wird dieser Punkt mit großer Wahrscheinlichkeit niemals ausgeführt werden und wartet am Ende der Liste auf seine letztendliche Erfüllung. Geht es stattdessen andersherum an und erstellt eine umgedrehte Bucket List. In diese Liste könnt ihr beide, unabhängig voneinander, eintragen, was ihr überhaupt nicht ausprobieren möchtet. So wisst ihr voneinander ganz genau, wo die Grenzen sind und ihr lernt euch noch besser kennen. Nachdem ihr die Liste fertig erstellt habt, kann und sollte diese aufbewahrt werden, anstatt im Müll zu landen. Der Sinn der Sache ist, dass ihr diese Liste in einem Jahr, in drei Jahren oder in zehn Jahren noch einmal aus der Schublade nehmt und gemeinsam die No-Gos eurer Bucket List durchgeht. Vielleicht entdeckt ihr nun einen Bucket, an den ihr vor einem Jahr noch überhaupt nicht denken wolltet und der sich jetzt gar nicht mehr so dramatisch anhört? Vielleicht habt ihr sogar richtig Lust bekommen, endlich einmal etwas ausprobieren, wovor ihr vor einiger Zeit noch Angst hattet? Lasst euch alle Möglichkeiten offen und revidiert eure Meinungen gegebenenfalls. Hierfür eignet sich eine umgedrehte Bucket Lust besonders gut.

Fehler bei der Erstellung der Bucket List

Bei der Erstellung eurer ganz persönlichen Bucket List können mehr Fehler auftreten, als ihr zunächst denken mögt. Solche Fehler können euch womöglich davon abhalten, die einzelnen Buckets auszuführen. Damit ihr jedoch eure Liste nach und nach und mit viel Freude abarbeiten könnt, findet ihr nachfolgend die wichtigsten Fehler und wie ihr sie bei der Erstellung eurer eigenen Bucket List für Ehepaare vermeiden könnt.

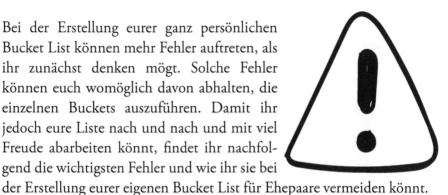

1. Fehler – Ihr formuliert eure Buckets nicht konkret genug: „In den Urlaub fahren" oder „gemeinsam Zeit verbringen" sind zwar schöne Ideen und generell gute Unternehmungen, jedoch erzeugen sie wenig Vorfreude. Der Grund dafür ist, dass hier nicht spezifisch genug formuliert wurde. Schreibt ihr stattdessen nieder: „In den Urlaub nach Italien fahren, um das Kolosseum in Rom anzusehen" oder „Gemeinsam ein Candle Light Dinner planen und ausführen, um mehr hochwertige Zeit miteinander zu verbringen", so könnt ihr euch bestimmt selbst vorstellen, wie viel mehr Vorfreude sich entwickelt und wie ihr es kaum noch abwarten könnt, diesen oder jenen Bucket auszuprobieren. Natürlich ist es euch auch möglich, das eine oder andere nicht-konkrete Bucket zu notieren, hierbei handelt es sich schließlich um eure persönliche und individuelle Bucket List. Doch damit ihr auch Lust habt, die einzelnen Punkte auszuführen, ist es definitiv sinnvoll, die Buckets so spezifisch wie nur möglich zu formulieren.

2. Fehler – Unmöglich-wirkende Ziele gar nicht erst notieren: „Gemeinsam Fallschirm springen? Das werde ich mich niemals trauen – das ist unmöglich!". Vielleicht erkennst du dich in diesem Satz ein wenig wieder. Wir alle haben Dinge, die wir uns

trauen und bei denen wir unsere Komfortzone ganz weit hinter uns lassen müssen. Auch wenn du dir vielleicht diesen einen Punkt jetzt noch nicht zutraust, schreibe ihn auf die umgedrehte Bucket List und revidiere deine Meinung gegebenenfalls in einem oder mehreren Jahren noch einmal. Je mehr außergewöhnliche (und ganz normale) Dinge ihr miteinander unternehmt, desto einfacher werden dir selbst große und aufregende Buckets fallen und desto mehr wird die Angst schwinden.

3. Fehler – Die fehlende Abwechslung: Heute ein Dinner im Garten, morgen ein Spaziergang im Wald und übermorgen ein Brunch im Restaurant? Achtet darauf, dass eure persönliche Bucket List für Ehepaare nicht zu eintönig wird, sondern stattdessen eine Menge Abwechslung mit sich bringt. Dafür müsst ihr nicht immer weit reisen oder viel ausgeben. Abwechslung lässt sich auch in einfachen und kleinen Dingen finden. Wer jedoch immer nur die gleichen oder ähnliche Punkte notiert, wird auf Dauer nicht wachsen und einander auch nicht näherkommen. Ihr bleibt stattdessen immer in eurer Komfortzone und werdet mit der Zeit vielleicht sogar gelangweilt. Genauso wenig abwechslungsreich sind übrigens auch die außergewöhnlichen Buckets. Wenn ihr immer nur notiert: „Die Antarktis sehen", „Nach Paris reisen", „Einen Helikopterflug machen", so werdet ihr schnell merken, dass sich all diese großen Buckets nicht unbedingt schnell durchführen lassen und vielleicht sogar die Aufregung verloren geht. Die Mischung macht's!

4. Fehler – Die Bucket List ist keine statische Liste: Bei eurer Bucket List handelt es sich nicht um eine To-Do-Liste oder um eine Liste für den Einkauf. Es handelt sich genauso wenig um ein amtliches Dokument, das ihr unbedingt beachten und ausfüllen müsst. Behandelt eure Bucket List als kleine Schatz-Liste. Hier sind Punkte vermerkt, die euch Freude bereiten und euch näher zusammenbringen sollen. Ihr müsst deswegen aber nicht

Punkt 1, Punkt 2, Punkt 3 und alle anderen Punkte in einer Reihenfolge abarbeiten oder dürft Punkte nicht überspringen. Notiert kunterbunt, was euch gefällt und sucht anschließend jene Buckets aus, die sich ausführen lassen und für die ihr gerade Zeit habt. Es bringt euch weniger Freude, einen Punkt zwanghaft auszuführen, obwohl ihr weder Zeit noch Lust habt, als wenn ihr euch einfach einen Punkt aussucht, der gerade richtig gut in euren Tag passt und auf den ihr beide richtig viel Lust habt.

5. Fehler – Kein Zeitdruck: Macht euch bewusst, dass diese Liste genau auf euch abgestimmt ist und ihr dementsprechend die einzigen Personen seid, die bestimmen können, wie schnell und wie viel auf einmal ihr von eurer Liste abarbeiten möchtet. Wenn ihr einen Punkt habt, auf den ihr beide gerade keine Lust habt, dann ist es kein Problem, wenn ihr die Ausführung dieses Buckets einfach aufschiebt. Wenn ihr euch vielleicht dazu entscheidet, jenen Punkt vollkommen zu streichen, dann ist auch das in Ordnung. Macht euch keinen Druck, alles ausführen zu müssen und erkennt, dass es für eure Bucket List keinen Zeitrahmen gibt. Im Idealfall fallen euch selbst im hohen Alter noch Dinge ein, die ihr tun oder nicht tun möchtet und so kann eure Bucket List auch mit 80 noch erweitert werden, um euch noch näher zusammen zu bringen.

6. Fehler – Nicht anfangen: Ihr habt eine Liste mit 50, 100 oder noch mehr Punkten vor euch liegen und könnt euch einfach nicht dazu bewegen anzufangen? Da seid ihr nicht die einzigen. Eine solche Liste kann in erster Instanz wirken wie ein großer Berg, vor dem ihr steht und den es zu bezwingen gilt. Gar nicht erst anzufangen, ist aber definitiv nicht die richtige Lösung. Sucht euch stattdessen einen kleinen Punkt aus, der sich leicht umsetzen lässt und erkennt, wie viel Spaß euch das Ausführen und auch das abschließende Abhaken auf der Liste bereiten kann.

5. Inspiration für euch - 300 Buckets

Vielleicht habt ihr beim gemeinsamen Lesen dieses Buches bereits reichlich Ideen für eure Bucket List bekommen. Vielleicht wart ihr aber auch unschlüssig, wie ihr eure Liste angehen sollt. Damit eure Kreativität etwas angekurbelt wird, findet ihr nachfolgend 300 Buckets, die sich dafür eignen, eure Liste zu befüllen. Dabei sind die Buckets, der Übersicht halber, in einzelne Kategorien unterteilt. Ihr findet nachfolgend Buckets für das Hier und Jetzt, die sich unkompliziert und günstig ausführen lassen, Buckets für mehrere Tage, die etwas aufwändiger in der Planung sind und gegebenenfalls auch etwas mehr kosten, und Buckets für eure gemeinsame Zukunft, bei denen schon viel Investition an Zeit und Geld vonnöten ist. Diese Überkategorien sind noch einmal in kleinere Unterkategorien unterteilt. Geht die nachfolgenden Punkte also der Reihe nach durch oder schaut direkt in die Bereiche, die euch besonders interessieren. Viel Spaß beim Über-legen, kreativ werden und dem Notieren eurer ganz eigenen Buckets! Ab der Kategorie „Buckets für mehrere Tage" werden unter manchen Buckets die Durchschnittspreise und die Durchschnittsdauer stehen. Es sei dazu gesagt, dass die Preise je nach Region und Dienstleister teils auch stark variieren können. Die hier genannten Werte sind lediglich Richtwerte, aber ohne Gewähr.

Buckets für das Hier und Jetzt

In dieser Kategorie findet ihr Buckets, die sich einfach und schnell ausführen lassen und trotz ihrer Einfachheit einen großen Effekt auf eure Beziehung haben können. Bei diesen Punkten müsst ihr weder tief in den Geldbeutel greifen noch den Koffer packen – legt einfach direkt los!

Viele der hier aufgelisteten Buckets sind kostenlos. Sofern Kosten mit dem Erlebnis verbunden sind, werden diese durchschnittlich nicht mehr als 50 Euro betragen. Der Zeitaufwand beläuft sich in aller Regel maximal auf einen Tag.

Kreative Buckets

Trockenblumen

Geht gemeinsam spazieren und sammelt Blumen und Gräser, die ihr anschließend trocknet. Solche Trockenblumen sind gerade nicht nur im Trend, sie erinnern euch auch eine lange Zeit an diesen gemeinsamen Spaziergang.

Kekse backen

Nehmt euch einen Nachmittag in der Vorweihnachtszeit frei und backt und verziert leckere Kekse.

Ein Foto-Tag

Kauft euch eine günstige Einweg-Kamera und dokumentiert mit dieser euren gemeinsamen, freien Tag. Das Entwickeln der Bilder dauert zwar etwas, aber Vorfreude ist bekanntlich die größte Freude!

Frische Erdbeeren

Besucht ein Erdbeerfeld und pflückt gemeinsam, was das Zeug hält. Im Anschluss könnt ihr kreativ werden und die Erdbeeren mit Schokolade überziehen, einen Erdbeerkuchen herstellen oder leckere Marmelade herstellen.

Das Labyrinth

Besucht ein Mais-, Hecken- oder Grusellabyrinth und findet gemeinsam den Weg hinaus.

Wellness-Abend daheim

Besorgt euch Gesichtsmasken und Gurkenscheiben, macht entspannende Musik an und lasst es euch im eigenen Wohnzimmer so richtig gutgehen.

DIY-Eis

Stellt euer Speiseeis selbst her – Rezepte gibt es hierfür wie Sand am Meer.

Euer Cocktail

Entwickelt gemeinsam euer ganz persönliches Cocktail-Rezept und benennt das Getränk anschließend nach euch.

Kürbis-Schnitzerei

Schnappt euch im Herbst einen großen Kürbis, höhlt diesen aus und gestaltet eine lustige oder gruselige Fratze.

Karaoke-Bar

Besucht eine Karaoke-Bar und singt eure
Lieblings-Lieder lauthals ins Mikrofon.

Kuriose Eissorten

Gurkeneis oder Eis mit Spinatgeschmack? Werdet
Eis-Tester und sucht die verrücktesten Eissorten in
den Eisdielen in eurer Nähe.

Lebkuchen-Haus

Verschönert euch die Vorweihnachtszeit
und backt und verziert gemeinsam ein Lebkuchenhaus.

Upcycling

Wertet ein altes Möbelstück mit Farbe und
Schleifpapier auf und kreiert etwas Neues für euer Zuhause.

Das Gedicht

Schreibt einander ein Liebesgedicht.

Pasta selbst herstellen

Nutzt einen regnerischen Tag, um Pasta samt Soße selbst herzustellen.
Ob Spaghetti oder Ravioli ist natürlich euch überlassen.

Bullshit-Bingo

Beim Bullshit-Bingo legt ihr zuvor fest, welche typischen Sätze zum
Beispiel in einer romantischen Komödie oder in einem Horrorfilm fallen werden. Wer zuerst fünf Kreuze nebeneinander hat, gewinnt.

Sandburg bauen

Ob im Sandkasten oder am Strand – baut gemeinsam die größte Sandburg, die ihr jemals erschaffen habt.

Auf einen Baum klettern

Das ist doch Kindersache? Als ob erwachsene Menschen nicht auch Spaß daran hätten, sich in einem Baum von Ast zu Ast zu hangeln.

Das Puzzle

Kauft euch das größte und komplizierteste Puzzle, das ihr finden könnt und verzweifelt gemeinsam bei der Suche nach den passenden Teilen.

Origami lernen

Lernt, wie ihr Kraniche und andere Dinge aus Papier faltet. Tutorials findet ihr im Internet reichlich.

Ein neues Spiel

Besorgt euch ein Brett- oder Kartenspiel, das ihr noch nicht kennt, und lernt dieses.

Ein Vogelhaus bauen

Schnappt euch Hammer und Nagel und baut ein Häuschen für die Vögel in eurem Garten.

Zaubertricks

Lernt gemeinsam Zaubertricks und versucht, einander zu übertrumpfen.

Aus einer Kokosnuss trinken

Kauft euch zwei Kokosnüsse im Supermarkt und kreiert euer ganz eigenes Urlaubsfeeling.

Fingerfarben

Besorgt euch Fingerfarben und eine große Leinwand und tobt euch so richtig aus!

Das Schokofondue

Macht ein Schokofondue und probiert, ob nicht auch Brezel, Chips oder andere Süßigkeiten gut in Kombination mit Schokolade schmecken.

Monogramm

Erstellt (oder lasst erstellen) ein Monogramm aus euren Initialen.

Das Glücks-Kleeblatt

Findet gemeinsam ein vierblättriges Kleeblatt.

Das Kartenhaus

Baut gemeinsam ein Kartenhaus und schaut, wie hoch hinaus ihr kommt.

Superbowl

Schaut gemeinsam den Superbowl (dieser geht in unserer Zeitzone bis in die frühen Morgenstunden) und versorgt euch mit typischen amerikanischen Snacks und Fast Food.

Besonders außergewöhnliche Buckets

Moonlight-Minigolf

Taucht ab in eine Schwarzlicht-Welt und spielt eine besonders interessante Runde Minigolf.

Tatort-Drehorte

Ihr seid wahre Tatort-Fans? Dann besucht einen oder mehrere Drehorte dieser Serie und fühlt euch, als wäret ihr mittendrin.

Der Stadion-Besuch

Ihr seid riesige Fußball-Fans? Dann schaut euch ein Spiel euren Heim-Stadion an!

Der Nachtflohmarkt

Besucht einen Nachtflohmarkt und trödelt, was das Zeug hält.

Rikscha fahren

Lasst euch in einer Rikscha durch die Stadt fahren und erfahrt vom Rikscha-Fahrer interessante Dinge über jene Stadt.

Die Fundsachenversteigerung

Wusstet ihr, dass Bahnhöfe ab und zu Fundstücke versteigern, die nicht abgeholt wurden? Ersteigert ein geheimnisvolles Paket und seid gespannt auf den Inhalt.

Couchsurfing anbieten

Nehmt einen Couchsurfer bei euch auf und lernt so neue Leute kennen!

Bullenreiten

Reitet auf einem mechanischen Bullen und seht, wer sich länger oben halten kann.

Autoscooter fahren

Macht einen Trip in die Vergangenheit und fahrt auf der Kirmes mit dem Autoscooter.

Buckets zur Weiterbildung und Kultur

Die Stadtrundfahrt

Ihr wohnt schon seit mehreren Jahren in ein- und derselben Stadt? Dann wird es Zeit, für eine Stadtführung oder eine Rundfahrt. Erweitert euer historisches Wissen über euer Zuhause!

Das Planetarium

Besucht ein Planetarium und küsst euch unter dem Sternenhimmel.

Die Kunstausstellung

Besucht eine Kunstausstellung in eurer Nähe und lernt gemeinsam Neues kennen.

Lernt Poker

Lernt das berühmte Spiel Poker und dabei auch noch das Poker-Face eures Partners oder eurer Partnerin besser kennen.

Die Tee-Zeremonie

Nehmt an einer traditionellen Tee-Zeremonie teil und lernt die Geschichte hinter dem Tee.

Das Jazz-Konzert

Besucht ein Jazz-Konzert und findet
zusammen heraus, welcher Jazz-Stil euch am besten gefällt.

Mit den Kids ins Rap-Konzert

Ihr habt Kinder im Teenageralter, die sich den ganzen Tag derbe Texte muskelbepackter Rapper oder frecher Ladys reinziehen? Das Konzert ist ein heiß ersehnter Traum, aber der Einlass ist unter 16 nur mit den Eltern erlaubt? Dann öffet den Laptop, klickt euch in den Vorverkauf und erwerbt Karten. Und bitte gemeinsam! Ihr erlebt im besten Falle lyrischen Hochgenuss, perfekte Selbstinszenierung, ihr interessiert euch für die Welt eurer Kids und erlebt gemeinsam auch dann einen unvergesslichen Abend, wenn ihr einen unterschiedlichen Musikgeschmack habt. Die perfekte Gelegenheit, gemeinsam ein Konzert zu besuchen!

Das Kreuzworträtsel

Löst gemeinsam ein Kreuzworträtsel aus der Zeitung oder aus dem Internet und reicht die Lösung ein – vielleicht gewinnt ihr ja!

Nacht im Museum

Verbringt eine Nacht in einem Museum – das ist übrigens ganz legal, wenn ihr im richtigen Museum seid, das solche Abenteuer anbietet.

Meditieren

Nehmt an einem Meditations-Kurs teil und findet eure innere Mitte.

Poetryslam

Besucht einen Poetry Slam.

Vögel beobachten

Besorgt euch ein Fernglas, ladet euch
eine Vogel-Bestimmungs-App aufs
Smartphone und beobachtet und
benennt so viele verschiedene Vögel wie möglich.

Ritter sein

Besucht Ritterfestspiele oder einen Rittermarkt und fühlt euch wie im
Mittelalter.

E-Scooter fahren

E-Scooter stehen oder liegen in großen Städten an jeder dritten Ecke.
Fahrt mit einem solchen Scooter und merkt, wie viel Spaß es macht.

Brot backen

Ihr steht auf knuspriges Brot? Dann backt gemeinsam euereigenes
Brot, es ist nicht schwer!

Besucht eine Uni-Vorlesung

Egal, wie lange ihr schon nicht mehr in der Uni seid (oder jemals wart), lohnt es sich immer, sich zu interessanten Themen weiterzubilden.

Eine Kuh melken

Ihr wolltet schon immer einmal wissen, wie es sich anfühlt, eine Kuh zu melken? Dann auf zum nächsten Bauern und fragt, ob ihr es einmal ausprobieren dürft!

Reise-Buckets

Das Zuhause erkunden

Lernt die Stadt, in der ihr wohnt, besser kennen. Informiert euch online, welche Tipps bei Touristen angesagt sind und probiert diese direkt aus!

Die Kräuterwanderung

Entdeckt, welche Wildkräuter direkt bei euch vor der Haustüre wachsen und sammelt so viele, wie ihr beim Spazierengehen findet oder tragen könnt. Im Anschluss bietet es sich an, die Kräuter direkt beim gemeinsamen Kochen zu verwerten. Ob ihr das jeweilige Kraut wirklich essen könnt, können euch Bücher oder Apps sagen.

Geocoachen

Beim Geocoachen sucht ihr kleine Hinweise via GPS. Unternehmt also eine kleine Wanderung und entdeckt kleine und große Geocoaches.

Nacht unter freiem Himmel

Unternehmt ein Mikroabenteuer und übernachtet (ohne Zelt) unter freiem Himmel. Selbstverständlich bietet es sich an, damit bis zu einer heißen Sommernacht zu warten – vergesst den Mückenschutz nicht!

Die Höhlenbesichtigung

Kennt ihr schon die Teufelshöhle in Bayern oder die Atta-Höhle in Attendorn in Nordrhein-Westfalen? Dann ist es an der Zeit, endlich mal eine Höhle von innen zu sehen und die interessanten Tropfsteine zu bewundern.

Wandern mit Eseln

Unternehmt eine geführte Wanderung mit Eseln.

Couchsurfing

Beim Couchsurfing könnt ihr günstig Städtetrips unternehmen – ihr schlaft einfach bei einer Privatperson auf dem Sofa.

Scratch-Off-Weltkarte

Kauft euch eine Scratch-Off-Weltkarte und reibt all die Flächen der Länder ab, die ihr bereits gesehen habt. Das Ziel ist es, irgendwann so viele Länder wie möglich freigerubbelt zu haben.

Tropenhaus

Besucht ein Tropenhaus und macht so einen Mini-Urlaub.

Scharfe Currywurst

Probiert gemeinsam die schärfste Currywurst, die ihr finden könnt.

Hotel in eurer Stadt

Bucht eine Nacht in einem Hotel in eurer Stadt und lernt euer Zuhause aus einer ganz neuen Perspektive kennen.

Lost Place

Bei den sogenannten Lost Places handelt es sich um verlassene Gebäude, die leer stehen. Besucht solch einen Lost Place und kommt ins Gruseln.

Die Nachtwanderung

Unternehmt eine Nachtwanderung durch einen Wald in eurer Nähe – vergesst die Taschenlampen nicht!

Buckets für mehr Zweisamkeit

Veranstaltet ein Krimi-Dinner

Wer ist der Mörder und wie genau ist Person X gestorben? Veranstaltet ein Krimi-Dinner bei euch zuhause und ladet eure Freunde ein! Vorlagen für ein solches Krimi-Dinner könnt ihr bereits für wenig Geld erstehen.

Der Mistelzweig

Der Kuss unter dem Mistelzweig zur Weihnachtszeit bringt euch bekanntlich ewige Liebe und Glück – schaden kann es ja nicht!

Der Fotobooth

Setzt euch in eine Fotokabine und macht besonders lustige Schnappschüsse von euch beiden.

Das Partner-Horoskop

Ihr glaubt nicht an Horoskope? Umso witziger! Lasst ein Paar-Horoskop erstellen und findet heraus, was eure Geburtsdaten über eure Beziehung aussagen – oder auch nicht aussagen.

Lasst das innere Kind raus

Tobt euch auf einem Kinderspielplatz in eurer Nähe so richtig aus.

Kino im Auto

Ein normaler Kinobesuch ist natürlich nichts Aufregendes, aber wie wäre es mit dem Besuch eines Autokinos? Besorgt Snacks und Getränke, schnallt euch an und los geht die nostalgische Romantik!

Der Unterwasser-Kuss

Küsst euch unter Wasser. Wer über eine wasserfeste Kamera verfügt kann diesen Moment natürlich im Selfie-Style festhalten.

Tanz im Sommerregen

Habt Spaß und tobt euch im warmen Sommerregen aus.

Kindheits-Ort

Zeigt einander einen Ort aus eurer Kindheit, an den ihr schöne Erinnerungen habt.

Tandem-Fahrt

Leiht euch ein Tandem-Fahrrad und koordiniert euch bei der gemeinsamen Fahrt.

Twister

Spielt Twister und kommt euch noch näher als sonst schon.

Sonnenaufgang

Stellt euch den Wecker und beobachtet gemeinsam
den Sonnenaufgang mit einem Kaffee in der Hand.

Spieleabend

Veranstaltet einen großen Spieleabend und ladet eure Freunde ein.

Stockbrot am Lagerfeuer

Bereitet einen Hefeteig zu und feuert den Feuerkorb im Garten an.

Der Seitentausch

Tauscht für eine Nacht die Seiten in eurem Bett – euch wird sich ein
ganz neuer Blickwinkel offenbart.

Eure Initialen

Ritzt eure Initialen in die Rinde eines Baumes.

Wahrheit oder Pflich

Spielt eine Runde Wahrheit oder Pflicht und lernt euch so noch besser
kennen.

Familienfeier

Ladet eure Familien ein, damit auch eure Eltern oder Geschwister sich
besser kennenlernen können.

Das erste Date

Wiederholt euer erstes Date und erlebt euren Anfang aus
einem neuen Blickwinkel.

Kuss unter den Sternen

Wartet auf eine sternenklare Nacht und küsst euch im Licht der vielen Sterne.

Doppelgänger

Lauft einen Tag lang im gleichen Outfit rum.

Die Bestellung

Bestellt füreinander im Restaurant (oder beim Lieferdienst) und entdeckt neue Dinge oder überrascht euch mit dem Wissen über die Essens-Vorlieben des Anderen.

Das Fotoalbum

Erstellt ein Fotoalbum mit euren schönsten gemeinsamen Erinnerungen.

Die Karikatur

Lasst eine Karikatur von euch von einem Straßenkünstler zeichnen.

Die eigene CD

Brennt eine CD mit euren gemeinsamen Lieblingsliedern und lasst diese im Auto rauf und runter laufen.

Kuss unterm Wasserfall

Besucht einen (kleineren) Wasserfall und küsst euch unter dem herabfallenden Wasser.

Der Klingelstreich

Spielt einen Klingelstreich und fühlt euch wie damals in eurer Kindheit.

Die Zeitkapsel

Erstellt eine Art Zeitkapsel, in die ihr all dies legt, an was ihr euch in ein paar Jahren erinnern möchtet. Vergrabt die Kapsel anschließend im Garten oder versteckt sie in eurem Zuhause.

Das Riesenrad

Macht eine Fahrt in einem Riesenrad und genießt die romantische Aussicht.

Der größte Eisbecher

Bestellt gemeinsam den größten Eisbecher auf der Karte in der Eisdiele und schaut, wer zuerst aufgeben muss.

Billard spielen

Schnappt euch Queue und Kugeln und spielt eine Runde Billard gegeneinander oder gegen eure Freunde.

Das Liebesschloss

Lasst ein Vorhängeschloss mit euren Initialen gravieren und hängt es an eine Brücke in eurer Nähe.

Der Film-Marathon

Ob Fluch der Karibik, Harry Potter oder Der Herr der Ringe – veranstaltet einen Film-Marathon mit reichlich Popcorn und Knabberzeug.

Das Paar-Kostüm

Feiert Karneval in einem besonders witzigen oder peinlichen Paar-Kostüm.

Euer Lieblingslied im Radio

Habt ihr ein gemeinsames Lieblingslied? Dann ruft in eurem lokalen Radiosender an und wünscht euch dieses Lied.

Mottoparty

Schmeißt eine Mottoparty (70-er Jahre, arabische Nacht oder Pyjama-Party) und ladet eure Freunde ein!

Gemeinsame Tradition

Startet eine gemeinsame Tradition, wie der monatliche Wellness-Tag, ein jährliches Fotoshooting oder der Kinobesuch an Silvester.

Abschleppen lassen

Geht in eine Bar und tut so, als würdet ihr euch nicht kennen. Beeindruckt einander lauthals mit den schlechtesten Anmachsprüchen und beobachtet die Reaktionen der anderen Gäste.

Buckets für Sport und Gesundheit

Ein Verwöhn-Tag

Nehmt euch gemeinsam eine Auszeit und bucht einen Paar-Spa-Tag – gemeinsam entspannt es sich einfach besser.

Dart spielen

Sucht die nächste Kneipe auf, bestellt euch ein Bier
und werft die Dartpfeile (am besten natürlich auf die Scheibe).

Schlittschuhlaufen

Schnürt eure Schlittschuhe an und dreht Hand in Hand einige Runden über das Eis.

Wasserski

Schnallt die Skier an und lasst euch an einem heißen Sommertag über das Wasser ziehen. Dabei entsteht mit großer Sicherheit der eine oder andere lustige oder gar peinliche Moment – springt über euren Schatten!

Das Picknick

Veranstaltet eine Fahrradtour und lasst diese mit einem entspannten Picknick ausklingen.

Eishockey-Spiel

Besucht ein Eishockey-Spiel und erlebt eine ganz besondere Atmosphäre.

Hoch hinaus

Besucht gemeinsam einen Hochseilgarten und helft euch gegenseitig über die vielen Hürden.

Kart fahren

Testet, wer der bessere Autofahrer ist und düst eine Runde auf dem Kart.

Ein Nachmittag im Hamam

Besucht ein Hamam, einen türkischen Wellness-Tempel, und lasst es euch gut gehen. Solche Hamams gibt es übrigens nicht nur in der Türkei, sondern auch bei euch in der Nähe.

Stand-Up-Paddling

Betätigt euch auch an heißen Tagen sportlich und probiert das Stand-Up-Paddling aus. Angeboten wird so etwas mit Sicherheit auch bei euch in der Nähe.

Rollschuh fahren

Besucht eine Rollschuh-Halle und schnallt euch die Retro-Rollschuhe an.

Aerobic im 70er-Style

Kleidet euch in der Mode der 70er und sucht euch ein Aerobic-Video im Internet heraus – so macht Schwitzen besonders viel Spaß.

Lasertag

Nicht nur Barney aus *How I met your mother* hat Lasertag geliebt – vielleicht bereitet es auch euch eine Menge Spaß. Bei diesem Spiel müsst ihr versuchen, einander mit Laser-Pistolen (die sind natürlich ungefährlich) abzuschießen.

Klettern

Besucht einen Kletterkurs und erkennt, wie sehr ihr einander für diese Sportart vertrauen müsst.

Bogenschießen

Lernt gemeinsam das Bogenschießen und fühlt euch wie Robin Hood.

Golf spielen

Besucht einen Golf-Schnupperkurs und findet heraus, wer einen besseren Abschlag hat.

Drachen steigen lassen

Lasst gemeinsam einen Drachen steigen – ausreichend Wind ist dafür natürlich nicht unwichtig.

Die Salzgrotte

Entspannt und atmet tief in einer Salzgrotte durch.

Der Spinning-Kurs

Besucht gemeinsam einen Spinning-Kurs und bringt euch selbst an die Grenze zur Erschöpfung.

Boule im Park

Bei Boule (oder auch Boccia) müsst ihr versuchen, eure Kugeln so nah wie möglich an die erste Kugel zu werfen.

Squash spielen

Spielt gemeinsam eine Runde Squash.

Die Sauna

Schwitzt einen Tag lang so richtig in der Sauna durch.

Pilze suchen

Wenn es im Herbst viel regnet und trotzdem noch recht warm ist, sprießen die Pilze im Wald und ihr könnt euch auf Pilzsuche begeben. Sammelt aber nur, was ihr wirklich gut kennt! Am besten vorher ein Pilzbestimmungsbuch besorgen und mitnehmen.

Zumba

Besucht eine Zumba-Probestunde und überlegt, ob dieser interessante Sport vielleicht für euch wäre.

Der Wassersprinkler

Es ist heiß und ihr habt keinen Pool und kein Planschbecken? Dann schmeißt den Wassersprinkler in eurem Garten an und fühlt euch wie in eurer Kindheit.

Buckets für 1 bis 2 Tage

In der Kategorie sind Buckets für euch zusammengestellt, die durchschnittlich **1 bis 2 Tage brauchen**. Nehmt euch aber die Zeit, die ihr braucht, um diese Bucket so genießen zu können, wie ihr es gemeinsam braucht. Das bedeutet, ihr könnt die hier beschriebenen Buckets auch auf eine Woche oder länger ausdehnen. Dabei handelt es sich jedoch um keine zu aufwändige oder wochenlange Planung. Preislich können die Buckets hier **bis zu 200 Euro kosten.** Der Aufwand, um diese durchzuführen ist etwas größer als in der letzten Kategorie.

Kreative Buckets

Das Fotoshooting

Bucht ein Paar-Fotoshooting und lasst euch von eurer besten Seite ablichten.

Durchschnittspreis für ein Paarfoto: ca. 200 Euro

Drei Gänge – drei Restaurants

Bestellt drei Gänge in jeweils drei verschiedenen Restaurants.

Wurst selbst herstellen

Dieser Bucket ist nichts für Vegetarier! Besucht einen Kochkurs und lernt, wie ihr eure eigene Grillwurst herstellen könnt.

Der Bildhauerei-Kurs

Lernt, wie ihr Skulpturen selbst herstellt. Dabei müsst ihr natürlich kein Michelangelo werden, euer Zuhause wird aber auf jeden Fall von solch einem Kunstwerk bereichert werden.

Durchschnittspreis: 150-200 Euro pro Person

Durchschnittsdauer: 7 Stunden bis 2 Tage

Der Escape-Room

Bucht einen Escape-Room und entdeckt, wie stark eure gemeinsame Detektiv-Arbeit ist.

Durchschnittspreis für eine Gruppe von 2 bis 4 Personen: 100-120 Euro

Durchschnittslänge: 70 min bis 120 min

Besonders außergewöhnliche Buckets

Dinner in the Dark

Bei einem „Dinner in the Dark" handelt es sich um einen Restaurant-besuch, der vollkommen im Dunklen stattfindet. Konzentriert euch auf das Wesentliche, auf den leckeren Geschmack des Essens, das ihr nicht sehen könnt, und auf euer Gegenüber, dessen Anwesenheit durch die Dunkelheit noch einmal intensiviert wird.

Durchschnittspreis pro Person: 80 Euro

Das schlechteste Restaurant

Sucht das Restaurant mit den schlechtesten Bewertungen in eurer Stadt und prüft, ob die Meinungen der anderen Bewerter stimmen.

Vielleicht werdet ihr positiv überrascht, vielleicht habt ihr aber auch einfach nur euren Spaß.

Übernachtung im Baumhaus

Wer hat als Kind nicht von einem eigenen Baumhaus geträumt? Inzwischen gibt es viele Baumhaus-Hotels – mit Sicherheit auch bei euch in der Nähe –, in denen ihr diesen Kindheitstraum gemeinsam verwirklichen könnt.

Der kleine Höhenflug

Probiert das Bodyflying aus! Hierbei stellt ihr euch in einen vertikalen Windtunnel und könnt mit einer Windgeschwindigkeit von bis zu 270 Stundenkilometern die Schwerelosigkeit erleben.

Durchschnittspreis: 100 Euro bis 200 Euro pro Person

Ein Flug in der Schwerelosigkeit dauert in der Regel 1 bis 2 Minuten.

Die Sommerrodelbahn

Besucht eine Sommerrodelbahn und nehmt so richtig Fahrt auf!

Eisbaden

Lasst euer Adrenalin in die Höhe schießen, indem ihr ins eiskalte Wasser springt.

Der Maskenball

Besucht einen Maskenball und erlebt einen romantischen Abend wie Cinderella und ihr Prinz!

Die Strandkorb-Nacht

Während alle anderen den Strand verlassen, macht ihr es euch erst so richtig gemütlich. Bucht eine Übernachtung in einem Strandkorb und werdet vom Rauschen der Wellen am nächsten Morgen wach.

Das Wikinger-Festmahl

Bei den Wikingern gibt es rustikale Kost, die hauptsächlich mit den Fingern gegessen wird. Lasst es euch schmecken!

Die Quiz-Show

Nehmt an einer Quiz-Show teil und seht, wer mehr Fragen beantworten kann.

Eine Oldtimer-Fahrt

Ihr seid Fans vom VW T1 Bulli oder anderen Oldtimern? Dann mietet euch ein solches Auto und schwebt für einen Nachmittag in der Nostalgie.

Die Travestie-Show

Besucht eine Travestie-Show.

Holi-Festival

Besucht ein Holi-Festival und lasst euch von den bunten Pulvern berieseln. Holi-Festivals gibt es übrigens schon lange nicht mehr nur in Indien, sondern bestimmt auch bei euch in der Nähe.

Dinner unter Tage

Die Steinkohle-Produktion im Ruhrgebiet wurde zwar stillgelegt, dafür könnt ihr aber nun ein romantisches Dinner im Bergwerk genießen.

Übernachtung in einem Weinfass

Ihr seid Weinliebhaber? Dann bucht eine Übernachtung in einem übergroßen Weinfass – stilechter geht's kaum noch!

Die Rennwagen-Fahrt

Ihr steht voll auf Formel 1? Dann ist es an der Zeit, selbst in einem solchen Rennwagen zu fahren. Nach einer kurzen Einweisung dürft ihr euch von den Fliehkräften in den Sitz drücken lassen.

Das Schießtraining

Lernt den Umgang mit einer Waffe bei einem Schießtraining.

Silvester mal anders

Feiert Silvester im Ausland und lernt neue Traditionen kennen.

Gondel fahren

Genießt die Aussicht aus einer Gondel hoch über den Bergen.

Das Gruseldinner

Nehmt an einem Gruseldinner teil und lasst euch auf schaurige Art kulinarisch verwöhnen.

Im Live-Publikum sitzen

Ob bei *Wer wird Millionär* oder dem Finale von *Germany's next Topmodel* – schaut euch eine Show live im Publikum an.

Das Luxus-Haus

Besichtigt ein Luxus-Haus – man wird ja wohl mal träumen dürfen ...

In einem Tipi übernachten

Fühlt euch wie die Indianer und verbringt eine Nacht in einem Tipi.

Die Limousinenfahrt

Fühlt euch wie die Stars und bucht eine Fahrt mit einer Limousine!

Jetski fahren

Düst auf den wendigen Jetskis über das Wasser.

Buckets zur Weiterbildung und Kultur

Werdet Sushi-Meister

Ihr wolltet schon immer einmal wissen, wie Sushi zubereitet wird oder wie euer Lieblings-Italiener es schaff, den Pizzateig so schön knusprig aufzubacken? Dann besucht gemeinsam einen Kochkurs eurer Wahl und lernt so nicht nur euer neues Lieblingsrezept, sondern auch einander besser kennen.

Durchschnittskosten pro Person: 80-100 Euro

Gerührt, nicht geschüttelt

Besucht einen Cocktail-Kurs und lernt gemeinsam, wie ihr den perfekten Mai Tai, Mojito oder Caipirinha mixt.

Durchschnittskosten pro Person: 80-90 Euro

Der Malkurs

Besucht einen Malkurs, denn in jedem steckt ein Künstler. Wenn ihr wollt, könnt ihr sogar zueinander passende Kunstwerke für euer Zuhause anfertigen.

Durchschnittspreis: 30 Euro pro Stunde

Unternehmt eine Weinbergwanderung

Bucht eine Wanderung durch einen Weinberg und lernt, wie der leckere Wein aus den grünen oder roten Trauben hergestellt wird. Weinanbaugebiete gibt es in Deutschland übrigens so viele, dass die Auswahl fast schon schwerfällt.

In den höchsten Tönen

Besucht gemeinsam eine Oper, dabei gibt es heutzutage eine deutlich größere Auswahl als die berühmten Opern von Mozart und Puccini. Wenn ihr möchtet, findet ihr bestimmt auch moderne Stücke.

Da gehen Hopfen und Malz verloren

In Deutschland wird nicht nur guter Wein, sondern auch gutes Bier hergestellt. Besucht gemeinsam eine Bierbrauerei und lernt, das herbe Getränk etwas mehr zu schätzen.

Der Nussknacker

Besucht das Ballett! Es gibt mehr als nur den „Nussknacker", zum Beispiel „Schwanensee" oder „Gisèle".

Das Musik-Festival

Besucht ein Musik-Festival, das ihr eigentlich niemals hattet besuchen wollen und lasst euch von neuen Klängen überraschen.

Der Handwerker-Kurs

Ihr beide seid nicht sonderlich versiert, was Hammer und Nagel angeht? Dann lernt gemeinsam in einem Handwerker-Kurs und werdet wahre Profis.

Durchschnittskosten zwischen 100 Euro bis 150 Euro pro Person

Dauert meistens ein Tag lang.

Segway-Städtetour

Ihr habt euch immer über die Touristen auf den Segways lustig gemacht? Dann ist es an der Zeit, sich selbst einmal nicht allzu ernst zu nehmen und die Stadt auf einem Segway zu erkunden.

Die Esoterikmesse

Besucht eine Esoterikmesse und kommt aus dem Staunen – oder Lachen – nicht mehr raus.

Ringe schmieden

Lernt in einem Goldschmiedekurs, wie ihr eure eigenen Ringe schmiedet – vielleicht könnt ihr sogar neue Eheringe selbst herstellen. Manche

Goldschmiede bieten übrigens an, altes Gold einzuschmelzen, so spart ihr Kosten.

Aktmalerei

Besucht einen Akt-Malkurs und entsteigt eurer Komfortzone.

Rocky Horror Picture

Besucht die Rocky Horror Picture Show und werdet nass und klebrig.

Molekularküche

Lernt die Molekularküche in einem Kochkurs besser kennen.

Trüffel suchen

Nicht nur Trüffelschweine suchen die wertvollen Knollen, auch ihr könnt euch auf die Suche nach Trüffeln begeben und im Anschluss besonders erstklassig kochen. Achtet aber darauf, dass ihr nicht überall nach Trüffeln suchen dürft. Informiert euch vorher über die besten und erlaubten Stellen in eurer Nähe.

Das Sinfoniekonzert

Besucht ein Sinfoniekonzert und lasst euch von der Macht eines großen Orchesters beeindrucken.

Euer Sauerteig

Setzt gemeinsam einen Sauerteig an. Mit diesem könnt ihr immer wieder knuspriges Brot backen. Bei einem Sauerteig handelt es sich oftmals fast schon um eine Religion. Macht euch auf jeden Fall vorher in Foren oder in Büchern schlau.

Eine Lesung besuchen

Besucht eine Lesung eures Lieblings-Autors oder lernt neue Autoren kennen.

Lindedance

Macht bei einem Lindedance mit. Diese Tanzart stammt ursprünglich aus den USA und wird meistens zu Country-Musik abgespielt. Die Tänzer stehen dabei in Reihen nebeneinander.

Reise-Buckets

Rafft die Segel

Bucht einen gemeinsamen Segeltörn und genießt den Sonnenuntergang auf hoher See. Wenn ihr keinen Segelschein habt, gibt es Angebote, bei denen ihr von einer fachkundigen (und unauffälligen) Person begleitet werdet.

Der Wochenendtrip

Packt eure sieben Sachen, steigt in den Zug oder ins Auto und los geht die Reise! Sucht dabei entweder spontan aus, wo ihr das Wochenende gemeinsam verbringen möchtet oder erfüllt euch einen lang ersehnten Wunsch, diese oder jene Stadt endlich einmal gemeinsam genauer kennenzulernen!

Draisine fahren

Eine Draisine wurde früher für Wartungsarbeiten auf dem Gleis benutzt. Heute könnt ihr damit eine kleine Reise verbringen – strampeln müsst ihr natürlich selbst.

Der Jakobsweg

Wusstet ihr, dass der Jakobsweg auch durch Deutschland verläuft? Ihr müsst also gar nicht weit fahren, um den berühmten Weg entlang gehen zu können.

Paris

Paris ist nicht nur auf dem Papier die Stadt der Liebe, sondern sie hat ein so einzigartiges Flair, das jedes Paar einmal im Leben genossen haben sollte. Es muss nicht die Hochzeitsreise sein An einem Wochenende in Paris könnt ihr viel erleben. Es gibt günstige Flüge, die Anreise mit dem Auto ist aber auch möglich. Die Sehenswürdigkeiten sind mit öffentlichen Verkehrsmitteln prima verbunden. Ein Abendessen im Quartier Latin ist übrigens Pflicht!

Die Schloss-Übernachtung

Fühlt euch wie Könige und bucht eine romantische Übernachtung in einem Schloss!

Vor dem Kamin in einer verschneiten Hütte kuscheln

Wer kennt sie nicht, diese Kult-Szene aus unzähligen Liebesfilmen? Natürlich ist sie extrem kitschig, aber genau darum geht es! Gönnt euch die ultimative Romantik vor dem offenen Kamin, mit einem Glas Wein und vielleicht sogar auf einem echten Bärenfell ... Wichtig ist nur, dass ihr euch ganz auf die romantische Kuschelstimmung ein- lasst, während der Frost Eisblumen an die Fenster zaubert und euch das knisternde Feuer wärmt.

Das Oktoberfest

Besucht das Oktoberfest und genießt gemeinsam die eine oder andere Maß Bier.

Haus am See

Mietet ein Haus am See und genießt ein Wochenende lang den Ausblick von der Terrasse aus.

Ein Wochenende auf einer tropischen Insel

Dafür müsst ihr gar nicht weit reisen, denn auch in Deutschland gibt es ein Tropical Island Resort – ein großer Dom, dessen Inneres den Bahamas zum Verwechseln ähnlich ist. Sogar eine kleine Heißluftballonfahrt könnt ihr hier unternehmen.

Elbphilharmonie in Hamburg

Besucht die berühmte Elbphilharmonie in Hamburg und genießt den Ausblick über den Hafen.

Harry Potter Welt

Besucht die Welt von Harry Potter in London und taucht ein in eine magische Welt.

Wochenende in einem Romantik-Hotel

Bucht ein Wochenende in einem Romantik-Hotel und erlebt eine entspannte Zweisamkeit.

Die Schienen-Kreuzfahrt

Unternehmt eine Schienen-Kreuzfahrt. Hierbei handelt es sich zu der umweltfreundlicheren Variante der Schiffskreuzfahrt, denn ihr seid mit Zügen unterwegs.

Helgoland

Reist nach Helgoland und genießt die Abgeschiedenheit.

Blind-Booking

Probiert das Blind-Booking aus. Hier könnt ihr wahre Schnäppchen machen, ihr wisst jedoch vorher nicht, wo es hingehen wird.

FKK-Strand

Besucht einen FKK-Strand und lasst eure Hüllen fallen.

Nacht im Leuchtturm

Verbringt eine Nacht in einem Leuchtturm.

Der Klippensprung

Springt von einer Klippe ins Meer – achtet natürlich auf jeden Fall auf eure Sicherheit.

Buckets für mehr Zweisamkeit

Der Tango-Tanzkurs

Lernt gemeinsam den feurigen Tango und kommt euch ein Stück näher.

Die Reality-Show

Bewerbt euch gemeinsam für eine Reality-Show, die momentan nach Teilnehmern sucht. Natürlich müsst ihr nicht wirklich teilnehmen (es sei denn, ihr wollt das). Schaut einfach, wie weit ihr kommt!

Floß-Tour

Bucht ein Floß und lasst euch auf einem Fluss gemütlich treiben. Bei einigen Anbietern könnt ihr auf diesem Floß sogar übernachten. Dafür sollte dieses natürlich am Flussrand befestigt werden.

Erotic-Food-Kochkurs

Besucht einen erotischen Kochkurs und lernt, welche Lebensmittel eine aphrodisierende Wirkung haben.

Neujahrs-Schwimmen

Beginnt das neue Jahr mit einem Sprung ins eiskalte Wasser.

Das Doppeldate

Geht gemeinsam auf ein Doppeldate mit einem befreundeten Paar.

Sterne-Hotel

Genießt ein romantisches Dinner in einem Restaurant, das mit mindestens einem Michelin-Stern ausgezeichnet wurde.

Das gemeinsame Tattoo

Lasst euch gemeinsam ein Tattoo stechen. Das muss übrigens kein kitschiges Paar-Tattoo sein, werdet kreativ!

Lotto spielen

Spielt gemeinsam Lotto und verwendet Zahlen aus eurem Hochzeitsdatum oder euren Geburtsdaten – vielleicht gewinnt ihr ja!

Das Running Dinner

Nehmt an einem Running Dinner teil und lernt neue Leute kennen. Pro Gang treff ihr nämlich auf neue Leute, die gemeinsam mit euch essen.

Social Media Pause

Macht eine Social Media Detox-Kur und verzichtet einen bestimmten Zeitraum lang auf alle sozialen Medien. Ihr werdet sehen, wie viel mehr Zeit ihr füreinander habt.

Buckets für Sport und Gesundheit

Der Personal-Trainer

Bucht euch einen Personal-Trainer und schwitzt gemeinsam eine Runde. Dieser Bucket eignet sich vor allem für sportliche Paare.

Macht eine Schneehund-Wanderung

Hierfür benötigt ihr kein Training und könnt gemeinsam die schöne Winterlandschaft mit dem einen oder anderen Hund an der Leine, fernab der vollen Pisten, genießen.

Paintball

Ihr liebt Adrenalin oder habt überschüssige Energie, die endlich rausgelassen werden muss? Dann könnte eine Runde Paintball genau das Richtige für euch sein!

Banane fahren

Setzt euch auf eine der überdimensionierten Gummibananen (stellt euch eine Banane aus Gummi im Riesenformat vor, die bis zu fünf

Sitzplätze und Griffe zum Festhalten hat), lasst diese mit euch drauf mit einem Motorboot aufs Meer oder auf einen See ziehen und ver- sucht bei der schnellen Fahrt, nicht herunterzufallen – ein bisschen Action darf schließlich auch mal sein.

Die Alpaka-Wanderung

Wusstet ihr, dass ihr gemeinsam mit Alpakas spazieren gehen könnt? Die niedlichen Tiere eignen sich nicht nur hervorragend für tolle Fotos für eure Social Media Accounts, sie sorgen auch für eine ganz besondere Wanderung, an die ihr euch lange erinnern werdet.

Sonnenuntergangs-Ritt am Strand

Bucht einen begleiteten Ausritt am Strand. Hierfür müsst ihr keine Profis sein.

Skifahren im Sommer

Draußen sind es 35°C und ihr kommt ins Schwitzen? Dann packt eure Sachen und genießt einen Tag in einer Indoor-Skihalle.

Survival-Training

Absolviert ein Survival-Training und lernt, wie ihr euch retten könnt, solltet ihr einmal in der Wildnis verloren gehen.

Marathon-Training

Trainiert gemeinsam für einen Marathon und lauft diesen im Idealfall anschließend auch.

Der Box-Kampf

Schaut euch einen Box-Kampf live an.

Die Tour de France

Seht euch die Tour de France live vor Ort an.

Insekten essen

Wusstet ihr, dass Insekten ganz schön gesund sind? Einige Restaurants bieten die Krabbeltiere bereits auf der Speisekarte an. Probiert es doch einmal aus!

Die Kampfsportart

Lernt gemeinsam eine neue Kampfsportart.

Buckets für die Zukunft

Bei den Buckets für die Zukunft handelt es sich um Buckets, in die ihr mehr investieren müsst, ehe ihr sie abhaken könnt. Mit diesen Buckets investiert ihr jedoch viel in eure Ehe, bereichert sie und fördert sie nachhaltig. Scheut euch nicht davor, den einen oder anderen Bucket für die Zukunft auf eure eigene Liste zu schreiben, auch wenn hier oftmals eine Menge Planung oder Arbeit erforderlich ist und ihr auch einen längeren Zeitraum sparen müsst. Ihr könnt euch sicher sein: Es wird sich lohnen! Preislich **können** hier die Buckets **über die 200-250 Euro hinausgehen.** Von der Dauer her sind die Buckets bunt gemischt, man kann aber generell sagen, dass die meisten **mehr als zwei Tage** beanspruchen werden, inklusive Planung. Das geht bis zu Buckets, die **Wochen brauchen.**

Kreative Buckets

Absolviert einen Töpfer-Kurs

Kreiert etwas Einzigartiges und fühlt euch dabei wie Sam und Molly aus dem Film „Ghost". Ihr könnt einen solchen Kurs bereits innerhalb eines Wochenendes absolvieren.

Das Kräuterbeet

Legt gemeinsam ein Kräuterbeet auf eurem Balkon oder in eurem Garten an und genießt nach einiger Zeit das Kochen mit frischem Basilikum und leckerer Petersilie.

Das Modellflugzeug

Baut zusammen ein Modellflugzeug.

Wein selbst herstellen

Ihr habt Weintrauben im Garten? Dann produziert in diesem Jahr euren eigenen Wein. Sets für die Herstellung gibt es online oder in Fachgeschäften zu kaufen.

Der Pralinen-Kurs

Besucht gemeinsam einen Kurs, in dem ihr lernt, wie Pralinen hergestellt werden – genau der richtige Bucket für zwei Naschkatzen!

Durchschnittspreis pro Person: 100-130 €

Der Blog

Startet einen eigenen Blog und berichtet in diesem zum Beispiel von dem Abarbeiten eurer gemeinsamen Bucket List für Ehepaare.

YouTube-Stars

Startet einen eigenen YouTube-Channel und lasst eure Follower Einblicke in euer Leben haben.

Gestaltet euer Schlafzimmer neu

Die Farbe an der Wand stört euch schon seit Monaten? Dann wird es Zeit für eine gemeinsame Neugestaltung!

3D-Fotoshooting

Normale Fotos kann ja jeder – lasst also ein 3D-Modell von euch erstellen.

Bei einer Höhe der Figur von 10 Zentimetern liegt der Preis bei 100-130 Euro. Für den ganz großen Spaß zahlt man für eine 35 Zentimeter große Figur ab 500 Euro.

Mütze stricken

Strickt oder häkelt eurem Partner oder eurer Partnerin ein Kleidungsstück wie eine Mütze oder einen Schal.
Das kann einige Zeit in Anspruch
nehmen, daraus wird aber mit
Sicherheit euer neues Lieblings-
kleidungsstück.

Bernstein sammeln

Zieht euch warm an und sucht an einem stürmischen Tag an der Nord-
oder Ostsee nach angeschwemmtem Bernstein.

Die Garten-Oase

Gestaltet euren Garten um, sodass ihr
gar nicht mehr in den Urlaub fahren wollt.

Besonders außergewöhnliche Buckets

Mit dem Quad durch die Wüste düsen

Bucht eine Quad-Tour und rast damit durch die Wüste Namibias – solche Quad-Touren werden natürlich auch in eurer Nähe angeboten, die
Wüste macht diesen Bucket nur zu einem ganz besonderen Erlebnis!

Kamel reiten

Pferde reiten kann ja jeder – lasst euch stattdessen von einem Kamel
durchschaukeln.

Schneemobil fahren

Das Rasen auf einem Schneemobil (mit ungefähr 100 Stundenkilometern) ist in den nordischen Ländern ein bekannter Freizeitspaß. Probiert es doch auch einmal aus!

Der Hubschrauber-Flug

Bucht einen Hubschrauberflug und seht, wie klein die Welt unter euch wird.

Zorbing

Beim sogenannten Zorbing befindet ihr euch jeweils in einer großen aufblasbaren Plastikkugel und rollt den Abhang hinunter oder habt Spaß auf dem Wasser.

Die Heißluftballonfahrt

Steigt in einem Heißluftballon auf und genießt die Aussicht!

Offroad-Fahren

Mietet euch einen Geländewagen und gebt fernab der Straßen so richtig Vollgas.

Der Mammutbaum

Versucht gemeinsam, einen Mammutbaum zu umarmen.

Whale-Watching

Bucht eine Whale-Watching-Tour (diese gibt es an verschiedenen Orten, zum Beispiel auch in Großbritannien) und begebt euch auf die Suche nach den großen Meeressäugetieren.

Elefantenreiten

Wer wollte nicht schon einmal auf diesen Giganten sitzen und sich durch den Dschungel Indiens oder die Steppe Afrikas tragen lassen?

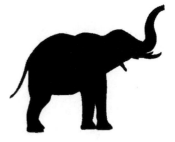

Polarlichter

Das Betrachten der Polarlichter steht mit großer Sicherheit auf vielen Bucket Listen – vielleicht auch auf eurer?

Einen Stern benennen

Wusstet ihr, dass ihr Sterne kaufen und benennen könnt? So wird das nächtliche Sternengucken noch persönlicher.

Bubble-Hotel

Übernachtet in einem Bubble-Hotel. Das ist eine durchsichtige Wohnblase, von der aus ihr die Sterne beobachten könnt, ohne von Mücken angegriffen zu werden.

Mit Delfinen schwimmen

Wer wollte sich diesen Traum noch nicht erfüllen?

Blobbing

Beim sogenannten Blobbing sitzt eine Person auf einem schwimmenden Luftkissen, während die andere Person aus der Höhe auf jenes Kissen springt und Person Nummer 1 so in die Höhe und anschließend ins Wasser befördert.

Buckets zur Weiterbildung und Kultur

Imkern

Lernt die Grundlagen des Imkerns besser kennen. Kurse gibt es dafür mit Sicherheit bei euch in der Umgebung.

Gebärdensprache lernen

Lernt die Grundlagen der Gebärdensprache und erweitert so euren Horizont.

Jodeln lernen

Lernt gemeinsam das Jodeln. Das mag zunächst lustig klingen, macht aber eine Menge Spaß!

Besucht eine Whisky-Destillerie

Wenn ihr den weichen oder torfigen schottischen Whisky mögt, ist eine Reise zu einer traditionellen Destillerie eine tolle Idee für eure gemeinsame Bucket List!

Lernt eine neue Sprache

Ihr macht regelmäßig Urlaub an der französischen Küste oder in Italien oder Spanien? Dann ist es an der Zeit, einen Sprachkurs zu besuchen und eine neue Sprache zu lernen.

Lernt den Walzer

Besucht einen Standard-Tanzkurs und frischt eure Tanzkenntnisse, die ihr euch für eure Hochzeit angelernt habt, auf.

Dia de los muertos

Schaut euch den berühmten Tag der Toten in Mexiko an.

Reise-Buckets

Sommer in Schweden

Mietet euch eine einsame Hütte (im besten Fall
am See) in Schweden und genießt laue Mitsommerabende.

Spontaner Flug

Packt eure sieben Sachen, fahrt zum Flughafen und nehmt den günstigsten Flieger an den Strand, den ihr finden könnt.

Glamping

Beim Glamping handelt es sich um glamouröses Camping – Zelten mit
dem extra Luxus-Faktor.

Disneyland

Erfüllt euch einen Kindheitstraum und besucht gemeinsamdas
Disneyland.

Laternen steigen lassen

Lasst eure Laternen bei dem berühmten Laternenfest in PingXi, Taipei,
Taiwan steigen.

Die Schönheit Deutschlands

Lernt eure Heimat besser kennen und besucht jedes der 16 Bundesländer.

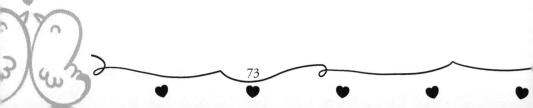

Das Taj Mahal

Wusstet ihr, dass das Taj Mahal ein Mausoleum ist, das der Groß- mogul Shah Jahan in Gedenken an seine Lieblingsfrau hat errichten lassen? Besucht das Taj Mahal und schwört euch vor dem UNESCO-Weltkulturerbe eure ewige Liebe!

Tauchen lernen in Ägypten

Reist nach Ägypten, besucht einen Tauchkurs und staunt über die atemberaubende Unterwasserwelt!

Der echte Karneval

Seht euch den temperamentvollen Karneval in Rio de Janeiro an.

Der Aktivurlaub

Eigentlich liegt ihr im Urlaub nur am Strand und macht nichts? Versucht es doch einmal mit einem Aktivurlaub. Erkundet die Landschaft in eurer Nähe oder weiter weg zu Fuß, mit dem Fahrrad oder auf dem Pferderücken!

Floating auf dem Toten Meer

Besucht das Tote Meer und nehmt gemeinsam ein sogenanntes Schwebebad.

Backpacking

Was kann euch mehr zusammenschweißen als eine intensive Backpacking-Tour?

Das Hausboot

Mietet euch ein Hausboot und verbringt euren Urlaub auf dem Was- ser. In einigen Regionen braucht ihr übrigens nicht einmal einen Führerschein für besagtes Hausboot.

Loy Krathong Festival

Besucht das berühmte Loy Krathong Festival in Thailand und beob- achtet die schwimmenden Lichter.

Palmeninsel in Dubai

Besucht die künstlich erschaffene Palmeninsel in Dubai und erlebt Luxus und weiße Sandstrände.

Reise mit dem eigenen Auto

Baut euer Auto, wenn es groß genug ist, so aus, dass ihr in diesem schlafen (und gegebenenfalls auch leben könnt) und unternehmt da- mit eine Reise.

Big Apple

Besucht New York und fühlt euch wie im Film.

Übernachtung in einem Eishotel

Es könnte kalt werden, aber in einem Eishotel werdet ihr mit reichlich Decken und wärmenden Getränken versorgt.

Dschungeltour

Mit den Regenwäldern unserer Erde sieht es leider nicht immer gut aus. Schaut euch also die artenreichsten Ecken dieser Welt an und erlebt unberührte Natur.

Roadtrip durch die USA

Plant etwas Zeit und Geld ein und macht einen Roadtrip durch die USA.

Mit der Vespa durch Rom

Romantischer kann der Italienurlaub doch gar nicht werden, oder?

Die Gondelfahrt

Besucht Venedig und lasst euch dort ganz romantisch mit einer Gondel von A nach B transportieren.

Der schwarze Strand

Besucht einen schwarzen Strand. Solche Strände findet ihr in Regionen, die Vulkane haben, wie zum Beispiel Island, Teneriffa oder Hawaii.

Buckets für mehr Zweisamkeit

Das Musical

Ihr seid Broadway-Fans und wolltet schon immer einmal ein Musical live sehen? Schaut euch zum Beispiel den „König der Löwen" in Hamburg an. Das ist besser als ein langweiliger Fernsehabend zuhause!

Dinner in the Sky

Besucht ein Dinner in the Sky. Dabei nehmt ihr noch am Boden Platz und werdet sicher angeschnallt. Im Anschluss hebt euch ein Kran in die Höhe – geht also am besten vorher noch zur Toilette!

Buckets für Sport und Gesundheit

16 Höhepunkte

Versucht, den jeweils höchsten Berg aller 16 Bundesländer zu erklimmen. Dabei müsst ihr in Bremen nicht höher als 32,5 Meter steigen, während die Zugspitze in Bayern mit ihren 2962 Metern eine stärkere Herausforderung darstellt. Hierbei handelt es sich um ein länger-andauerndes Projekt, das auch einiges an Bergsteiger-Erfahrung benötigt. Wenn ihr aber bei den Bundesländern mit den kleineren Bergen anfangt, werdet ihr euch mit Sicherheit schnell einige Erfahrung aneignen.

Tandem-Bungee-Sprung

Ihr seid Adrenalin-Junkies? Dann könnte ein gemeinsamer Tandem-Bungee-Sprung genau das Richtige für euch sein.

Tough-Mudder

Ihr habt richtig Lust, euch durch Matsch, Eiswasser und andere Hindernisse zu kämpfen? Dann macht bei einem Tough-Mudder mit.

Tafelberg

Beklettert den berühmten Tafelberg in Kapstadt, Südafrika. Den Rückweg könnt ihr mit der Gondel genießen.

Buckets aus dem Bereich des sozialen Engagements

Nicht nur, wenn wir einander Gutes tun, wächst unsere Beziehung zueinander und intensiviert sich, auch, wenn wir etwas Gutes für andere Menschen, für Tiere oder für die Umwelt tun, wachsen wir gemeinsam über uns hinaus!

Eine gute Tat

Gebt euer Glück an andere weiter und engagiert euch auf freiwilliger Basis im Tierheim beim Gassi-Gehen mit den Hunden, beim Helfen in der Suppenküche oder schnappt euch zwei Müllbeutel und sammelt beim gemeinsamen Spaziergang Abfall auf.

Der Wochenmarkt-Einkauf

Kauft auf einem regionalen Wochenmarkt ein! Verzichtet so auf Plastik und lange Transportwege und unterstützt damit die örtlichen Bauern.

Blut spenden

Geht gemeinsam Blut spenden und tut so etwas Gutes.

Das Seniorenheim

Erkundigt euch, ob ihr ehrenamtlich im Seniorenheim helfen könnt. Mit den Senioren Spiele zu spielen oder ihnen Geschichten vorzulesen, kann eine Menge Freude bereiten.

Die Nachbarschaft

Organisiert eine Nachbarschaftshilfe und lernt so die Leute in eurem Umfeld besser kennen.

Vier Wochen vegetarisch

Versucht, euch gemeinsam vier Wochen lang vegetarisch zu ernähren. Falls ihr schon Vegetarier seid: Wie wäre es mit vier Wochen veganer Ernährung?

Random Acts of Kindness

Mit dem Begriff „Random Acts of Kindness" werden kleine Aufmerksamkeiten für fremde Menschen beschrieben. Lasst zum Beispiel den Chip im Einkaufswagen stecken oder übernehmt das Wischen des Hausflures in eurem Mehrfamilienhaus.

Der Wasserpark

Habt ihr Kinder in eurer Nachbarschaft, deren Eltern ihr gut kennt? Dann ladet die Kinder zu einem Besuch im Wasserpark ein und gönnt den Eltern so eine Auszeit.

Verschönert eure Umwelt

Besorgt euch kleine Samenkugeln oder Blumensaat-Mischungen und verstreut diese in eurer Nachbarschaft. In ein paar Tagen bis Wochen könnt ihr bereits Ergebnisse sehen und nicht nur euch, sondern auch euren Mitmenschen eine Freude machen.

Das Tierheim

Engagiert euch im Tierheim und geht zum Beispiel mit den Hunden Gassi. In den meisten Fällen müsst ihr hier ein Kennenlernen und eine Einführung einplanen, aber dann kann es mit dem Spaziergang losgehen!

Baum pflanzen

Pflanzt gemeinsam einen Baum und beobachtet, wie er über die Jahre wächst.

Demos

Ihr engagiert euch politisch oder möchtet auf eure Rechte aufmerksam machen? Dann ran an die Plakate und geht auf einer Demo mit!

Unterstützt ein Patenkind

Es gibt viele Hilfsorganisationen, über die ihr gemeinsam ein Kind in einem dritte Welt Land unterstützen könnt. Hierbei handelt es sich um eine langfristige Unterstützung und ihr könnt in einigen Fällen sogar Briefe mit eurem Patenkind austauschen.

Auslandseinsatz

Verbringt einen längeren Zeitraum in einem Dritte Welt Land und helft beim Brunnenbau, in Schulen oder in Tierreservats.

6. Die Herausforderungen bei der Umsetzung der Bucket List für Ehepaare

Eine Bucket List für Ehepaare klingt in erster Linie wie eine besonders romantische Idee – gem einsam überlegen wir uns, was wir alles erleben möchten, wir träumen von unserer Zukunft und dürfen ein Leben und eine Ehe genießen, die von Abwechslung und Liebe geprägt ist. Auch wenn das Erstellen und Ausführen einer solchen Bucket List die Ehe fördern und eine Menge Freude bereiten kann, gibt es einige Stolperfallen, die bei beim Erstellen und anschließenden Abhaken der Buckets entstehen können. Damit ihr eure Bucket List einfach nur genießen könnt und euch nicht wegen unwichtiger Kleinigkeiten in die Haare bekommt, sind hier in diesem Kapitel die größten Herausforderungen aufgezählt, die bei einer Bucket List, insbesondere bei jener, die gemeinsam von zwei Personen erstellt wird, auftreten können. Vielleicht braucht ihr dieses Kapitel überhaupt nicht. Solltet ihr aber den einen oder anderen Rat annehmen, ist das natürlich kein negatives Zeichen für eure Ehe. Wie auch eine Partnerschaft zwischen zwei Personen oder eine Ehe von Kompromissen und Konflikten geprägt sein kann, besteht auch bei der Bucket List für Ehepaare das Hauptanliegen darin, jene Herausforderungen und Probleme in Liebe zu lösen und schließlich noch näher zueinander zu finden.

Herausforderung: einseitiges Interesse

Die Herausforderung: Eine Bucket List zu erstellen, bedeutet in erster Linie: Veränderung. Unabhängig davon, ob du dieses Buch selbst erstanden oder geschenkt bekommen hast, kann es vorkommen, dass du vielleicht voller Motivation bist und die Ideen nur so aus dir heraussprudeln. Du willst direkt loslegen und so viele Dinge abhaken wie nur möglich. Was ist jedoch, wenn dein Partner oder deine Partnerin nicht ganz so euphorisch reagiert wie du? Eine solche Situation kann für dich natürlich schnell verletzend wirken oder dir weismachen wollen, dass dein Partner oder deine Partnerin kein Interesse an dir oder eurer Ehe hat. Schiebe solche Gedanken einfach weg und erinnere dich daran, dass eine Bucket List für Ehepaare auch eine gewisse Umstellung mit sich bringt. Anstatt jedes Wochenende gemeinsam entspannt auf dem Sofa zu liegen und Filme zu schauen, seid ihr in Zukunft bestrebt, freie Tage zu nutzen, um den einen oder anderen Bucket abzuarbeiten. Vor allem dann, wenn deine bessere Hälfte vielleicht eine stressige Arbeitswoche hat oder generell stark ausgelastet ist, kann es zunächst für ihn oder sie so wirken, als wären jene Buckets eine extra Portion Stress im Alltag oder an dem Wochenende, das doch eigentlich der Entspannung dienen soll. Wie schafft man es also, eine gemeinsame Bucket List in eure Ehe zu integrieren, wenn die andere Person nicht so richtig viel Lust hat?

Die Lösungsmöglichkeiten: Fangen wir von vorne an und zwar mit der Einladung von dir an deinen Partner oder deine Partnerin, eine solche Bucket List überhaupt zu erstellen. Erkläre, dass diese Bucket List nicht eure Ehe bestimmt und selbstverständlich nicht zu Rate gezogen wurde, weil du an der Ehe zweifelst oder dir mehr erwünschst. Auch wenn dies vielleicht ein ganz kleines bisschen stimmen mag, baut eine solche Erwartungshaltung nur Druck auf, der noch schneller dazu führen kann, dass die andere Person gar keine Lust darauf hat, sich einzubringen und freie Zeit zu „opfern". Erkläre vielmehr, welche tollen Momente du dir von der Erstellung einer solchen Bucket List für Ehepaare erhoffst und wie viel Spaß und neue Erinnerungen das Abhaken der vielen Ideen,

Ziele und Wünsche mit sich bringen kann. Erkläre deinem Partner oder deiner Partnerin auch, dass hierbei überhaupt kein Druck herrschen muss – die Bucket List muss nicht von heute auf morgen erstellt werden und ihr müsst die vielen Haken nicht innerhalb kürzester Zeit gesetzt haben. Eine Bucket List für Ehepaare bedeutet darüber hinaus auch nicht, dass ihr euch keinen freien Tag mehr gönnen dürft, an dem ihr entspannt auf dem Sofa sitzt und eine Pizza bestellt. Eure Ehe hängt selbstverständlich nicht von dieser Bucket List ab und wird auch nicht in die Brüche gehen, wenn ihr nicht direkt loslegt oder einer von euch zögerlich ist. Sie hat jedoch das Potenzial, eure Ehe enorm zu bereichern und euch noch näher zusammen zu bringen. Es ist also definitiv einen Versuch wert!

Wenn das alles nichts bringt und dein Partner oder deine Partnerin wirklich keine Lust hat, eine gemeinsame Bucket List anzulegen und die Punkte abzuhaken, gibt es noch eine Möglichkeit, wie du einen Startpunkt legen kannst: Organisiere einfach einen Bucket selbst und lade deine bessere Hälfte dazu ein. Dieses Erlebnis kann etwas Besonderes sein oder etwas ganz Einfaches. Ihr könnt eine Runde mit dem Boot auf einem See fahren, den Streichelzoo besuchen oder du buchst ein „Dinner in the Dark" – die Hauptsache ist, dass dein Partner oder deine Partnerin merkt, dass diese gemeinsame Zeit keine Zeitverschwendung ist und ebenso entspannend sein kann wie ein Tag auf dem Sofa oder im Bett. Wenn du im Anschluss dann deine Bucket List herausholst und diesen Punkt abhaken kannst, kann es gut sein, dass das Interesse deines Gegenübers geweckt ist und ihm oder ihr vielleicht direkt eigene Ideen einfallen. Gib nicht auf und zeige deinem Partner oder deiner Partnerin, welch' eine Bereicherung eine Bucket List für Ehepaare auch für euch sein kann!

Herausforderung: die Unlust überwinden

Die Herausforderung: Wer für sich selbst eine eigene Bucket List erstellt, der kann in der Regel sicher sein, dass alle Punkte auf dieser

Liste genau an die eigenen Wünsche und Vorstellungen angepasst sind. Dadurch steigt die Vorfreude enorm! In einer Bucket List für Ehepaare jedoch müssen - wie in jeder Ehe - Kompromisse eingegangen werden. Das kann zur Folge haben, dass ihr vielleicht noch gar nicht so viel Lust habt, eure Liste abzuarbeiten oder dem Ganzen eher mit einem mulmigen Gefühl im Bauch entgegenseht: *Müssen wir wirklich nackt baden gehen? Dazu kann ich mich gerade gar nicht überwinden!* Je mehr wir uns zum tatsächlichen „Ab-arbeiten" eines jeweiligen Punktes auf der Liste zwingen müssen, desto trüber sehen wir dem gesamten Vorhaben entgegen.

Die Lösungsmöglichkeiten: Geht es also stattdessen langsam an und sucht euch einen Punkt aus eurer Liste aus, auf den ihr beide zu hundert Prozent Lust habt und der euch Spaß bringt. Startet an diesem Punkt und arbeitet eure Liste auf diese Weise langsam, aber sicher ab. Ihr habt kein Zeitlimit für das Abhaken aller Buckets gesetzt bekommen und müsst euch dementsprechend weder hetzen noch zu Dingen zwingen, auf die ihr eigentlich gar keine Lust habt. Mit der Zeit – und mit dem Erfüllen einzelner Punkte – werdet ihr aber mit Sicherheit bemerken, wie die Hürden fallen, ihr euch freier fühlt und auch eine größere Bereitschaft entdeckt, neue Dinge auszuprobieren. Aller Anfang ist schwer, das sollte euch jedoch nicht davon abhalten, euch neu zu entdecken und noch besser als Ehepaar kennenzulernen!

Herausforderung: die Finanzen

Die Herausforderung: Es gibt so viele schöne Ideen, die eure Ehe bereichern können und euch ein abwechslungs- und erlebnisreiches Leben schenken können: Sich mit dem Fallschirm aus einem Flugzeug stürzen, ein romantisches Dinner mitten in der Pariser Innenstadt einnehmen oder eine Safari durch den Kruger National Park in Südafrika machen, euch fallen bestimmt noch mehr Ideen ein. Ein Problem lässt sich bei solch großen Buckets jedoch schnell erkennen: der Preis. Die wenigsten von uns gehören zu den Influencern, die solche Reisen vielleicht bezahlt bekommen oder haben Millionen von Euro auf dem Konto liegen. Wie sollen wir da unsere gemeinsamen Träume verwirklichen, wenn wir es uns einfach nicht leisten können? Lohnt es sich dann überhaupt zu träumen?

Die Lösungsmöglichkeiten: Die Antwort ist ganz klar: Ja! Es lohnt sich, zu träumen und auch große Wünsche zu haben. Eure Bucket List muss natürlich nicht innerhalb eines bestimmten Zeitraums abgehakt werden, das ist überhaupt nicht der Sinn einer solchen Liste. Stattdessen arbeitet ihr eure Bucket List für Ehepaare im Idealfall ab und erweitert sie auch immer wieder, bis ihr ein hohes Alter erreicht habt und mit Stolz behaupten könnt, gemeinsam all das erlebt zu haben, was ihr in eurem Leben erleben wolltet. Wie ihr vielleicht auch gemerkt habt, sind die vielen Inspirations-Buckets aus diesem Buch überhaupt nicht darauf ausgelegt, glamourös zu sein oder viel Geld zu erfordern. Insbesondere die Buckets, die in der Kategorie „Buckets für heute" zu sehen sind, sind darauf ausgerichtet, euch nicht zu viel Geld aus der Tasche zu ziehen und dementsprechend auch leicht und schnell umzusetzen zu sein. Wenn euch dennoch die Abenteuerlust packt und ihr weit hinausmöchtet, die Finanzen aber bisher nicht stimmen, habt ihr verschiedene Möglichkeiten:

1. Ihr könnt mehr Geld verdienen: Dieser Punkt ist natürlich einfacher gesagt als getan, jedoch bestehen bestimmt Möglichkeiten, einen anderen Job zu suchen, nach einer Gehaltserhöhung zu fragen oder Überstunden zu machen, die euch schließlich mit ein paar Talern mehr in der Tasche versorgen.

2. Ein sparsames Leben für aufwändige Träume: Wie auch in eurer Ehe könnt ihr in euren Finanzen Kompromisse eingehen. Das ständige Essen gehen oder die vielen Kinobesuche müssen dann schon einmal ausfallen oder ihr verzichtet auf den einen oder anderen Shopping-Trip. Überlegt gemeinsam, wofür ihr viel Geld ausgeben möchtet und wo doch eher gespart werden könnte. Je mehr ihr spart, desto mehr außergewöhnliche und

interessante Dinge könnt ihr erleben – hier liegt es ganz an euch.

3. Das Kleingeld-Sparen: Besorgt euch ein großes Glas oder ein dickes Sparschwein und befüllt dieses mit dem Kleingeld oder auch dem einen oder anderen Fünf- oder Zehn-Euro-Schein, den ihr in der Tasche findet. Du bekommst einen Bonus aus der Arbeit ausgezahlt, mit dem du nicht gerechnet hast? Direkt rein mit dem Geld ins Sparschwein. Spart so ein Jahr oder einen Zeitraum nach eurem Belieben lang alles, was übrig ist und nicht benötigt wird und ihr werdet sehen, was für eine Summe dadurch zustande kommen kann! Kleinvieh macht eben auch Mist und kann euch dazu noch eure Träume erfüllen.

Herausforderung: keine Zeit haben

Die Herausforderung: Ein weiteres Hindernis, vor dem Ehepaare immer wieder stehen, ist das Zeitmanagement. Wir leben in einer besonders stressigen Zeit, die es uns schwer macht, aus unserer Routine auszubrechen und Neues auszuprobieren. Wie genau soll also Zeit frei geschaufelt werden, um zusätzlich zum vollen Tagesplan auch noch Buckets aus der gemeinsamen Bucket List abzuarbeiten?

Die Lösungsmöglichkeiten: Eine Idee, die euch in einer solchen Lebenslage helfen könnte, wäre der freie Tag. Unabhängig davon, was ihr beruflich macht oder wie stressig euer Leben ist, werdet ihr mit Sicherheit ab und zu einen freien Tag in eurem Terminkalender vorfinden, oder? Anstatt an diesem freien Tag faul auf dem Sofa zu liegen, könntet ihr diesen Tag ab sofort den Bucket-List-Tag nennen und euch vornehmen, an jenen Tagen einen oder mehrere Buckets von eurer Liste abzuhaken. Dabei bleibt mit Sicherheit noch reichlich Zeit über, um gemeinsam faul vor dem Fernseher zu sitzen. Investiert jedoch zuerst in eure Ehe, die Entspannung kommt dann ganz von allein!

Herausforderung: die Angst

Die Herausforderung: Wenn du an das Thema „Angst" denkst, kommen dir mit Sicherheit schnell Bilder von deinem ganz eigenen Horror-Szenario in den Kopf. Bei der Flugangst haben wir Angst, mit dem Flieger abzustürzen, bei der Höhenangst bangen wir, die Klippe herunterzufallen und bei der Angst vor Insekten könnten wir uns bereits schütteln, wenn wir nur an Spinnen, Tausendfüßler und dergleichen denken. Die Angst hat in unserem Leben einen berechtigten Platz und ist bei dem einen mehr und bei dem anderen weniger stark ausgeprägt. Dabei ist die Angst für ein Lebewesen überlebensnotwendig. Wer Angst empfindet, der wird von seinem Körper vor möglichen Gefahrensituationen gewarnt. Das hat mit der Evolution zu tun, denn nicht immer haben wir in solch einem Luxus beziehungsweise in solch einer Sicherheit gelebt, wie es heute der Fall ist. Auch Veränderung kann Angst in uns auslösen, denn der Mensch ist bekanntlich ein Gewohnheitstier. Zusammenfassend kann also gesagt werden: Die Angst, die wir ab und zu in verschiedenen Situationen empfinden, ist absolut normal und trägt sogar zu unserer Sicherheit bei. Wir können also gar nicht ohne die Angst leben.

Hierbei gibt es nur ein kleines Problem: Oftmals leidet der Mensch unter zu vielen Ängsten und beginnt, Sachen zu oft zu überdenken. Im Englischen gibt es einen schönen Begriff hierfür: „to overthink". Dieses Wort bedeutet, dass ein Mensch sich unnötige Sorgen macht und so zum Beispiel schon am Anfang des Monats Angst bekommt, dass das Geld am Ende des Monats nicht mehr ausreichen wird. Es ist wichtig, zwischen der Angst, die wir alle haben und die uns von Zeit zu Zeit in verschiedenen Situationen einschränken kann, und dem ängstlichen Überdenken zu unterscheiden. Ängste gilt es zu überwinden. Wer sich jedoch schon zwölf Tage vor dem geplanten Bungee-Sprung mit dem Ehepartner nicht mehr vor seinen feuchten Handinnenflächen und den ängstlichen Gedanken retten kann, der sollte sich bewusst machen, dass es sich hierbei nicht um eine richtige Angst in dem Sinne handelt, sondern um das „overthinking", das Überdenken von allen Negativ-Szenarios, die eventuell auftreten könnten, jedoch mit großer Wahrscheinlichkeit niemals auftreten werden.

Die Lösungsmöglichkeiten: Solltest du von Anfang an eher Angst vor dem jeweiligen Bucket haben und dich nur ungern trauen, dann ist die Ausführung des Punktes vielleicht nicht sinnvoll. Schiebe die- sen Punkt auf, bis du dich aus vollem Herzen traust und ebenso wie dein Partner oder Partnerin auf das jeweilige Erlebnis freust. Hast du jedoch eigentlich super viel Lust auf diesen Bungee-Sprung und fühlst dich, als wolle dein Gehirn dir einreden, dass es sich um eine schlechte Idee handelt, dann gibt es verschiedene Möglichkeiten und Methoden, um mit diesen Ängsten klarzukommen. Rede zum Beispiel mit deinem Partner oder deiner Partnerin und erkläre ihm oder ihr, welche Sorgen dich plagen. Gemeinsam könnt ihr begründen, ob es sich wirklich um eine starke Angst handelt oder ob du dir unnötig Sorgen machst. Be- haltet euch dabei immer vor, Buckets einfach nach hinten zu schieben und somit zu einem späteren Zeitpunkt auszuführen. Wie ihr bereits mehrmals lesen konntet, ist es nicht sinnvoll, sich Zeitdruck zu ma- chen oder zu Dingen zu zwingen, für die ihr noch nicht bereit seid. Geht es also langsam an, seid ehrlich zueinander und probiert gegebenenfalls Vorstufen der Angst-Buckets aus. Wer zum Beispiel Angst vor dem Ozean hat, kann zunächst einmal versuchen, in einem See weit hinaus zu schwimmen. Wer Angst vor einem Bungee-Sprung hat, kann sich diesen auch zuerst einmal ansehen und anschließend entscheiden, ob er oder sie das auch machen möchte. Wer Höhenangst hat und sich nicht in den Hochseilklettergarten traut, kann erst einmal einen Niedrigseilklettergarten besuchen. Dieser funktioniert genauso, wie ein hoher Klettergarten, jedoch lernst du die Handhabung der Karabiner und der Gurte in einer sicheren Höhe kennen und weißt, worauf es ankommt. Geht gemeinsam Mini-Schritte und besiegt eure Ängste! Das geht nicht von heute auf morgen, aber seid euch gewiss: Je mehr ihr euch traut, desto weniger Angst werdet ihr empfinden! Darüber hinaus sollte eure Bucket List natürlich nicht ausschließlich aus Punk- ten bestehen, bei denen ihr ein mulmiges Gefühl im Bauch bekommt.

Die Mischung macht's! Deswegen solltet ihr darauf achten, auch Buckets auszuwählen, die sich spielend leicht und ohne große Herausforderungen ausführen lassen, und nicht nur die krassesten Ideen zu notieren, die euch einfallen. Es geht nicht unbedingt darum, über sich selbst hinaus zu wachsen, auch wenn dies mit der Zeit unweigerlich passieren wird. Vielmehr geht es bei eurer gemeinsamen Bucket List für Ehepaare darum, noch näher zueinander zu finden, den Partner oder die Partnerin noch besser kennenzulernen und zusammen unvergessliche Momente zu erleben. Natürlich kommt es bestimmt das eine oder andere Mal vor, dass ihr euch überwinden und eure Angst vergessen müsst, dies ist jedoch nicht das Hauptanliegen einer solchen Liste.

Herausforderung: die Bucket List vergessen

Die Herausforderung: Ihr habt voller Motivation und Elan eine Bucket List erstellt, die voller unterschiedlicher Buckets ist und habt es auch schon geschaff, den einen oder anderen Punkt abzuhaken. Mit der Zeit jedoch gerät eure gemeinsame Bucket List für Ehepaare immer mehr in Vergessenheit, bis sie schließlich in einer Schublade landet und ihr eure freien Tage doch lieber wieder auf dem Sofa verbringt? Vielleicht wolltet ihr am Samstag einen Bucket ausführen, doch nachdem die Wohnung durchgeputzt wurde und auch noch der Einkauf erledigt ist, fehlte einfach die Motivation? Lasst euch gesagt sein, dass ihr nicht die einzigen seid, die wieder in ihre Alltagsroutine verfallen und die damals so spannende Liste mit der Zeit vergessen.

Die Lösungsmöglichkeiten: Das sollte aber natürlich nicht der Sinn dieser Bucket List sein. Vielmehr handelt es sich bei eurer Bucket List um ein Lebens-Projekt, ein Projekt, das ihr vielleicht sogar noch im Alter von fünfzig, sechzig oder siebzig Jahren weiterführt. Genau deswegen ist es wichtig, eure Liste nicht einfach in eine Schublade zu stecken und ab und an rauszuholen, wenn ihr wieder etwas abhaken könnt. Vielmehr solltet ihr die Liste an einem prominenten Platz in eurem Zuhause aufhängen. Am Spiegel, an der Haustür oder an der Decke über dem Bett – werdet kreativ und platziert die Bucket List genau in eurem Sichtfeld. Was wir regelmäßig sehen, bleibt uns im Gedächtnis hängen und wenn wir immer wieder sehen und lesen, was wir in unserem Leben noch erleben möchten, so bereitet es uns auch eine gewisse Vorfreude. Lasst eure Bucket List also unter keinen Umständen unter den Tisch fallen oder in der Schublade vergilben, sondern erinnert euch immer wieder an die Wünsche und Ziele, die ihr in eurer Ehe noch gemeinsam erleben möchtet!

Herausforderung: die Gedanken der Anderen

Die Herausforderung: *„Wie könnt ihr nur so viel Geld für eine Reise nach Australien ausgeben? Wollt ihr nicht lieber ein Haus bauen?"*

„Ihr seid schon 30 und habt immer noch keine Kinder? Ist es nicht mal an der Zeit, einen Gang zurückzuschalten und an die Familienplanung zu denken?"

„Ihr fliegt mit eurem Kleinkind nach Südamerika? Wie verantwortungslos! Fahrt doch lieber an die Ostsee!"

Immer wieder wollen uns Freunde oder die Familie sagen, was gut oder nicht gut für unser Leben ist. Insbesondere die Lebensplanung kann von solchen Meinungen stark beeinflusst werden. Das Resultat ist, dass wir uns oftmals nicht frei in unseren Entscheidungen fühlen und viel zu viel darüber nachdenken, was die anderen über unser Vorhaben sagen und wie sie urteilen. Die Gerüchteküche brodelt immer wieder und wir geben in der Regel unser Bestes, allen gerecht zu werden, die mit uns und unserem Leben zu tun haben. So kann es auch sein, dass ihr bei einigen Buckets auf eurer Liste irgendwann denkt: „Puh, meine Mama fand diesen Punkt ganz schön kindisch, sollen wir nicht lieber etwas Sinnvolleres machen?". Nicht selten führen die Meinungen anderer

Menschen über uns und über unser Leben dazu, dass wir uns unbewusst selbst einschränken und unser Leben nicht so leben, wie wir es eigentlich tun würden.

Die Lösungsmöglichkeiten: Lass dir gesagt sein, dass du dich niemals von den Gedanken oder Äußerungen deiner Mitmenschen – auch wenn es deine Eltern oder deine Geschwister sind – so stark beeinflussen lassen solltest, dass du dir deinen Lebenstraum nicht erfüllst! Ihr möchtet (noch) keine Kinder bekommen und die gemeinsame Zeit lieber mit dem Reisen verbringen? Dann tut dies! Ihr wolltet schon immer einmal ins Disneyland, auch wenn ihr bereits 45 Jahre alt seid? Dann tut es! Lasst euch von den Meinungen der anderen nicht einschränken, denn schließlich lebt ihr euer Leben und habt alle Möglichkeiten, dies so zu gestalten, wie ihr es möchtet. Die Bucket List für Ehepaare ist darauf ausgerichtet, euch glücklich zu machen, euch einander noch näher zu bringen und eure Ehe zu stärken. Sie soll auch eure ganz eigenen Träume und Wünsche zu gemeinsamen Zielen umgestalten und euch auch auf diese Weise Aufregung und Spaß ins Leben bringen. Lasst euch nicht dazu überreden, ein Haus zu kaufen, obwohl ihr das Geld lieber für eine Weltreise nutzen würdet. Wenn ihr euch nämlich anschließend in eurem eigenen Zuhause befindet und dennoch lieber ganz weit weg wäret, bringt euch auch die finanzielle Stabilität und das neue Eigenheim nichts, ihr werdet dennoch unglücklich sein. Natürlich sind die Ratschläge und Meinungen unserer Freunde und Familienmitglieder gut gemeint, jedoch müsst ihr selbst wissen, wo ihr die Grenze zieht und aufhört, auf diese Meinungen zu hören. Selbst wenn ein Bucket noch so lächerlich oder zu kindisch ist – solange ihr beide große Lust auf die Ausführung dieses Punktes habt, solltet ihr dies tun!

Herausforderung: der Druck

Die Herausforderung: Wir alle streben nach einem Leben im Hier und Jetzt ohne Wenn und Aber und voller neuer Dinge und Lebensfreude. Dabei ist dieser Wunsch nach einem solchen Leben fast vergleichbar mit dem Abnehmen. Wer ein paar Kilo weniger auf den Hüften haben möchte, der muss hart arbeiten, um dies zu erreichen. Er muss verzichten, Sport treiben und eventuell auch die Ernährung umstellen. Kurzum: Um Gewicht zu verlieren, müssen wir Disziplin haben und eine Menge in unseren Körper investieren. Das passiert natürlich nicht von heute auf morgen und macht nicht immer Spaß. Auch das Abarbeiten der Bucket List für Ehepaare ist etwas, auf das wir hinarbeiten. Wir möchten so viel wie möglich erleben, neue Dinge kennenlernen und uns unsere Träume erfüllen. Was wir dabei oft nicht bedenken. ist, dass es sich auch hierbei um harte Arbeit handeln kann. Wir müssen planen, überlegen, vergleichen und auch Geld sparen, damit wir uns unsere Träume erfüllen können. Ähnlich, wie es beim Abnehmen der Fall ist, kann es sein, dass wir schlussendlich vor einem scheinbar unüberwindbaren Hindernis stehen und schon gar keine Lust mehr haben, die Dinge anzugehen, nach dem Motto „Das wird eh nichts, ich lasse es einfach direkt bleiben".

Die Lösungsmöglichkeiten: Dabei lässt sich eine Bucket List zwar mit einer Diät vergleichen, sie ist jedoch so viel mehr als das bloße Purzeln von Kilos. Sie hilft uns, zunächst erst einmal zu überlegen, was wir in unserem Leben erreichen möchten. Oftmals ist uns so etwas überhaupt nicht bewusst. Im Anschluss daran schreiben wir jene Ziele auf und wie du bereits zu Beginn des Ratgebers lesen konntest, hilft das bloße Notieren von Wünschen und Zielen uns schon, diese auch zu verwirklichen. Jetzt kann es vorkommen, dass du gemeinsam mit deinem Partner oder deiner Partnerin eine riesige Anzahl an Buckets notiert hast und vor einem großen Berg an möglichen Erlebnissen stehst. Das kann ganz schön einschüchtern. Erinnere dich aber immer wieder daran, dass es hier kein Zeitlimit gibt. Du musst das alles nicht wie bei einer Diät innerhalb von zwei Monaten abhaken. Genau genommen gibt es auch keinen Zwang, überhaupt alle Punkte abzuhaken. Es steht euch frei, Punkte auch wieder streichen oder nach hinten zu schieben, wenn ihr keine Zeit oder keine Lust dafür habt. Die Hauptsache ist aber immer, dass ihr regelmäßig auf eure gemeinsame Bucket List schaut und euch Woche für Woche oder Tag für Tag neu überlegt, welchen Punkt ihr als nächsten in Angriff nehmen möchtet. Lasst den Druck also vor der Haustüre stehen und nehmt es locker – die Hauptsache ist, dass ihr dranbleibt und weiterhin Lust habt, eure Wünsche und Ziele zu verwirklichen!

7. Das Ehe-Quiz für lustige Momente zu zweit

Spielanleitung

Der eine Ehepartner liest jeweils dem anderen Ehepartner die Fragen des Quiz vor. Der Ehemann bekommt die „Fragen für den Ehemann" gestellt und die Ehefrau die „Fragen für die Ehefrau".

Diese müssen entsprechend ihres Wissens oder ihrer Vorahnung die Fragen beantworten.

Für jede beantwortete Frage setzt der Vorleser ein Kreuz an die Antwort/en. Zum Schluss muss der nicht befragte Ehepartner die Fragen auf Richtigkeit kontrollieren.

Für jede vollständig richtig beantwortete Frage gibt es einen Punkt. Ist die Antwort falsch, teilweise richtig oder unbeantwortet bekommt man einen Minuspunkt.

Insgesamt sind jeweils 25 Punkte pro Person zu erreichen. Gewonnen hat der Ehepartner, der die meisten Punkte besitzt.

* Nebenbei gesagt, lässt sich dieses Spiel auch hervorragend als Trinkspiel durchführen. Bei jeder falschen, unvollständigen Antwort oder nicht beantworteten Fragen muss der Verlierer einen „Kurzen" trinken.

Die etwas andere Spielanleitung

Euch ist die Spielanleitung zu langweilig? Na gut, dann versucht es mal damit:

Der eine Ehepartner liest dem anderen die Fragen vor. Dabei beantwortet der Befragte sofort die Frage und liegt er oder sie falsch, nennt nicht alle richtigen Antworten oder ist überfragt, wird sich eines Kleidungsstückes entledigt. Wer am Ende die meisten Kleidungsstücke verloren hat, ist der Verlierer.

Folgend findet ihr eine Reihe interessanter Ideen, die der Verlierer als Strafe oder der Gewinner des Ehe-Quiz als Belohnung bekommen kann:

Strafen:

1. Der Verlierer muss für seinen Ehepartner kochen. Der Ehepartner darf 5 Zutaten auswählen, mit denen gekocht werden soll.
2. Der Verlierer muss dem Gewinner eine Fußmassage geben.
3. Der Verlierer darf nun wie ein Hase um den Tisch hüpfen.
4. Gehe als Verlierer zu einer anwesenden Person gleichen Geschlechts und trage einen Tanz aus Dirty Dancing vor.
5. Der Verlierer muss dem Gewinner in einem erotischen Outfit das Frühstück servieren.
6. Der Verlierer darf nun ohne ein Kleidungsstück seiner Wahl den Gästen das nächste Getränk anrichten.

Belohnungen:

1. Der Gewinner braucht eine Woche lang nicht mehr kochen.
2. Der Geschirrspüler geht an den Verlierer. Hast du ein Glück, du musst diesen eine Woche lang nicht ausräumen oder einräumen.

3. Der Verlierer schuldet dir ein Wochenende voller Erholung. Er muss das machen, was du dir wünschst.

4. Der Gewinner bekommt ein geputztes Auto. Wer das macht, ist dem Gewinner überlassen.

5. Ein romantisches Abendessen für die Frau/ein Zockerabend für den Mann. Wer auch immer gewinnt, bekommt einen Abend seiner Wahl.

6. Der Gewinner der beiden Spiele darf nun Barmann/-frau spielen. Mixe, was das Zeug hält und serviere dem Verlierer deinen Meistercocktail (je schlimmer, desto besser).

7. Geschmackstest: Der Gewinner des Spiels darf sich vier Dinge aussuchen, jetzt sofort, die der Verlierer essen und es benennen muss. Dabei trägt der Verlierer eine Augenbinde.

Und jetzt genießt viel zweisamen Spaß mit den Fragen:

Fragen für die Ehefrau

1) Welche Sportart mag dein Ehemann am liebsten?
   - Fußball
   - Handball
   - Tennis
   - Basketball

2) Welche Biersorte trinkt dein Mann weniger gerne?
   - Berliner Weiße
   - Export-Bier
   - Kölsch
   - Dunkles Bier
   - Er trinkt keinen Alkohol.

3) Welches der Lebensmittel würde dein Mann weniger gerne essen?

- Nudeln
- Chips
- Gurke
- Schnitzel

4) Mag dein Mann das Endstück eines Brots?

5) Welche Farbe mag dein Ehemann am wenigsten an dir?

6) Was ist für deinen Mann das wichtigste Körperteil an dir?

7) Wenn dein Mann beim Einkaufen wählen könnte, welche Gemüsesorten würde er am ehesten kaufen?

- Tomaten
- Radieschen
- Lauchzwiebeln
- Chinakohl

8) Welche dieser Haushaltsausgaben würde dein Mann am schnellsten wählen?

- Wäsche waschen
- Blumen gießen
- Müll runterbringen
- Bügeln

9) Welches ist das liebste Getränk deines Mannes?

- Mit Alkohol:
- Ohne Alkohol:

10) Ihr habt im Lotto gewonnen, wo würde dein Mann am schnellsten hinziehen?

- Thailand
- Amerika
- Indien
- Jamaika
- Nirgendwo, er hat bereits sein Zuhause gefunden.

11) Ihr seid gerade unterwegs, wo bewahrt dein Mann sein Handy auf?

- Linke Hosentasche
- Rucksack
- Rechte Hosentasche
- Er vergisst es immer wieder.

12) Welches dieser Glücksspiele hat dein Mann schon mindestens einmal ausprobiert?

- Sportwetter
- Poker
- Lotto
- Einarmiger Bandit
- Hat noch nie Glücksspiel gespielt.

13) Wenn ihr gemeinsam Urlaub macht, was ist deinem Mann wichtig?

- Wellness-Angebot
- Gutes Essen
- Großer Pool/Whirlpool
- Großes Bett

14) Welche Träume hat dein Mann heimlich?

- Auswandern
- Porsche fahren
- Panzer fahren
- Erotische Abenteuer

15) Womit hat dein Mann in seiner Kindheit am liebsten gespielt?

- Lego
- Rennautos
- Puppen
- Eisenbahnen

16) Welche Kragenweite hat dein Mann aktuell?

17) Ist sein Zeigefinger länger als alle anderen Finger?

18) Welche dieser Positionen ist seine liebste zum Einschlafen?

- Auf der Seite
- Auf dem Bauch
- Kerzengerade auf dem Rücken
- oder beschreib sie einfach: _____

19) Hand aufs Herz: Wie lange putzt sich dein Mann die Zähne?

20) Wenn dein Mann ein Superheld sein könnte, welcher wäre er?

- Batman
- Superman
- X-Men
- Captain America
- Luke Skywalker

21) Welchen Film hat dein Mann mehr als einmal gesehen?

22) Welchen dieser Berufe würde dein Mann amschnellsten annehmen?

- Bundeskanzler
- Straßenreiniger
- Umweltminister
- Dixi-Toiletten Fahrer

23) Wenn dein Mann eine Zeitmaschine hätte, würde er lieber in die Zukunft oder in die Vergangenheit reisen?

24) Worauf könnte dein Mann am leichtesten im Alltag verzichten?

- Schuhe
- Fernseher
- Auto
- Messer

25) Ihr teilt am Morgen ein Brötchen. Welche Hälfte isst dein Mann am liebsten?

Fragen für den Ehemann

1) Welche sind die Lieblingsblumen deiner Frau?

2) Welche Eissorte mag deine Ehefrau lieber?
   - Schokolade
   - Pistazie
   - Vanille
   - Stracciatella

3) Was kann deine Ehefrau gar nicht?
   - Reifen wechseln
   - Hecke schneiden
   - Schränke aufbauen
   - Geduldig sein

4) Wofür gibt deine Ehefrau mehr Geld aus?
   - für dich
   - für Kleidung
   - für Schuhe
   - für Handtaschen

5) Welche Augenfarbe hat deine Frau?

6) Welches Getränk würde deine Frau in einem Restaurant mit hoher Wahrscheinlichkeit bestellen?
   - Wasser medium
   - Apfelschorle
   - Cola
   - Kiba

7) Wenn Geld keine Rolle spielen würde, wo würdet ihr gemeinsam Urlaub machen?

8) In welcher dieser Immobilien würde deine Frau amliebsten wohnen?
   - Traumschloss
   - Alter Bauernhof
   - Hausboot
   - Blockhütte im Wald

9) Welches Kleidungsstück mag deine Frau am wenigstens an dir?
   - Schal
   - Kariertes Hemd
   - Kurze Hosen
   - Mützen

10) Ihr macht eine Gummibärchen-Tüte auf, welche Bären-Farbe nimmt deine Frau als Erstes?

11) Jetzt musst du wirklich nachdenken. Hat deine Frau noch alle Weisheitszähne?

12) Das Essen im Restaurant schmeckt nicht. Wie würdedeine Frau reagieren?
   - Sie lässt es zurückgehen.
   - Sie isst bei dir vom Teller mit.
   - Sie beschwert sich.
   - Sie isst ihr Essen ordentlich auf.

13) Laut ihrer Meinung, wer gibt bei euch zu Hause den Ton an?
   - du
   - sie
   - ihr beide gleichermaßen
   - der Hund

14) Wenn sich deine Frau ein Auto aussuchen könnte,welche Marke würde sie auswählen und welche Farbe?

15) Welche Schokoladensorte isst deine Frau am liebsten?

- Zartbitter
- Vollmilch
- Nuss
- Weiß

16) Welche der Zeitungen würde deine Frau am wahrscheinlichs- ten kaufen?

- Stern
- GEO
- Die Bunte
- Bilder der Frau

17) Wie viele Sprachen kann deine Frau?

18) Nehmen wir mal an, ihr macht einen Spieleabend.Welches Spiel würde deine Frau am ehesten spielen?

- Monopoly
- Mensch ärgere dich nicht
- Harry Potter
- Schach

19) Deine Frau hat drei Wünsche frei. Was würde sie sich wünschen?

20) Welches dieser Film-Haustiere würde deine Frau am schnells- ten kaufen?

- Nemo
- Garfield
- Lassie
- Roadrunner

21) Worauf könnte deine Frau einen Tag lang verzichten?

- Handy
- Schmuck
- Schminke
- Wein

22) Ihr macht eine Städtereise. Was besichtigt deine Frau als erstes?

- Shoppingmeile
- Museum
- Eine Sehenswürdigkeit
- Restaurants

23) Wie entfernt sich deine Frau die Haare?

- Wachsen
- Nassrasur
- Gar nicht
- Epilieren

24) Welche dieser Figuren sind die Lieblingshelden ihrer Kindheit?

- Pippi Langstrumpf
- Biene Maja
- Bibi Blocksberg
- Wickie

25) Welche Jahreszeit würde deine Frau am liebsten 365 Tage im Jahr haben?

8. Unsere persönliche Bucket-List

Lfd. Nr.	Datum	Unternehmung	Buchseite	Notizen

Lfd. Nr.	Datum	Unternehmung	Buchseite	Notizen

Lfd. Nr.	Datum	Unternehmung	Buchseite	Notizen

Lfd. Nr.	Datum	Unternehmung	Buchseite	Notizen

Lfd. Nr.	Datum	Unternehmung	Buchseite	Notizen

Lfd. Nr.	Datum	Unternehmung	Buchseite	Notizen

Lfd. Nr.	Datum	Unternehmung	Buchseite	Notizen

Lfd. Nr.	Datum	Unternehmung	Buchseite	Notizen

Lfd. Nr.	Datum	Unternehmung	Buchseite	Notizen

Lfd. Nr.	Datum	Unternehmung	Buchseite	Notizen

Lfd. Nr.	Datum	Unternehmung	Buchseite	Notizen

Lfd. Nr.	Datum	Unternehmung	Buchseite	Notizen

Lfd. Nr.	Datum	Unternehmung	Buchseite	Notizen

Lfd. Nr.	Datum	Unternehmung	Buchseite	Notizen

Lfd. Nr.	Datum	Unternehmung	Buchseite	Notizen

Lfd. Nr.	Datum	Unternehmung	Buchseite	Notizen

Lfd. Nr.	Datum	Unternehmung	Buchseite	Notizen

Lfd. Nr.	Datum	Unternehmung	Buchseite	Notizen

Lfd. Nr.	Datum	Unternehmung	Buchseite	Notizen

Lfd. Nr.	Datum	Unternehmung	Buchseite	Notizen

Lfd. Nr.	Datum	Unternehmung	Buchseite	Notizen

Lfd. Nr.	Datum	Unternehmung	Buchseite	Notizen

9. Schlusswort

Ich hoffe, dieses Buch hat euch den nötigen Funken vermittelt, mehr für euer Ehe-Glück zu unternehmen.

Mit diesem Buch habt ihr nun die Möglichkeit, Zweisamkeit zu genießen, gemeinsam zu lachen und das Glück wieder zur Tür hereinzubitten. Beim Durchblättern und Lesen dieses Buches ist bei euch wahrscheinlich die Lust gewachsen, euren Partner wieder neu kennenzulernen und gemeinsam mit den 300 abwechslungsreichen Ideen neue Erinnerungen zu schaffen.

Mit den 50 Fragen zu eurer Ehe könnt ihr gemeinsam lachen, schmunzeln und euch wieder neu erkunden. Das Ehe-Quiz bietet Potenzial für neue Lachfalten. Die 300 einfallsreichen Erlebnisse liefern euch die Möglichkeit, dem Alltagstrott zu entkommen. Arbeitet an euch und eurer Ehe, um nicht in die Statistik der gescheiterten Ehen aufgenommen zu werden.

Vielleicht erkennt ihr den einen oder anderen Stolperstein auf dem gemeinsamen Weg. Hüpft mit den integrierten Ratschlägen und Tipps aus diesem Buch über diese Steine und lasst euch ins Eheglück gleiten. Ich wünsche euch weiterhin viel Glück, Erfüllung und vor allem tolle Erinnerungen auf eurem gemeinsamen Weg.

10. Aufruf an alle Buchliebhaber

Liebe Leserinnen und Leser,

ich bin Sebastian Wünsche und als Betreiber meines eigenen Buchverlags suche ich immer wieder nach begeisterten Testlesern wie dir, die Lust haben, in die Welt neuer Geschichten einzutauchen.

Als Testleser in meinem Verlag bekommst du regelmäßig die Chance, brandneue Bücher zu lesen. Du erhältst kostenlose Exemplare in Taschenbuch oder PDF-Form und hast somit die einzigartige Gelegenheit, Teil des Entstehungsprozesses zu sein. Deine Meinungen und Feedbacks sind für mich von unschätzbarem Wert, um die Qualität und den Erfolg meiner Bücher sicherzustellen.

Wenn du Interesse hast, in dieses spannende Abenteuer einzusteigen und regelmäßig über unsere neuen Veröffentlichungen informiert zu werden, melde dich bitte unter der im Impressum meiner Website angegebenen E-Mail-Adresse. Ich freue mich darauf, dich in die Welt der Bücher mitzunehmen und gemeinsam mit dir literarische Welten zu erkunden.

Ich kann es kaum erwarten, von dir zu hören und dich als Teil meiner Testleser-Gemeinschaft willkommen zu heißen!

Mit literarischen Grüßen,

Sebastian Wünsche

11. Impressum

Alina Wünsche wird vertreten durch:

Sebastian Wünsche

Bahnhofstraße 20

02742 Neusalza-Spremberg

Email: Buchwurm-Piraten@web.de

Instagram: Buchwurmpiraten

Facebook: https://www.facebook.com/Buchwurmpiraten

Originalausgabe

1. Auflage März 2024

Printed in France by Amazon
Brétigny-sur-Orge, FR

19023600R10074